英語「超基本」を一日30分！

尾崎哲夫

角川oneテーマ21

この本の自己紹介

　私はサラリーマンを経て、代々木ゼミナールなどで教えた後、現在、大学の教壇に立っております。とにかく、英語をわかりやすく説明することにすべてをかけてきました。

　そして、多くの本を書きました。幸い、わかりやすいと好評を得ています。この本では、英語の基本に徹底的にこだわりました。よく、「中学英語に英語の基本のすべてがある」と言われます。まさにその通りですね。とにかく少し話せればいい、という安易な「英会話本」ではありません。目標は、うまくなくてもしっかりした英語を話すことです。そのために、あちこち穴が開いている英文法や基礎的な英語のポイントを一つずつ丁寧につぶすことによって、英語を徹底的にやり直す本を書きたいと思ったのです。

　社会人・学生として、学校時代から英語を学んだことはある、また社会生活の中で様々な英単語を知っている、いや難しい英語のフレーズなども覚えている、しかし英語の土台のところに穴が開いていて、どうも自信が持てない、そういう方を対象に英語を徹底的にやり直す本を試みたのです。

　木に例えて言えば、木の背も高く、いろんな枝や葉が実っている、しかし根っこのところがどうもあやしくて、がっちりした健全な木になりきれない、そういう状況にある方々のために、根っこに栄養を注入し、根っこから幹にかけてしっかりした土台を築き上げていく本を書きたかったのです。

　この本を徹底的に勉強することで、みなさんの英語力が土台のところから底上げされ、向上されることを心から祈っております。

　一日30分、毎日必ずこの本を開いて下さい。一日2～3項目、休日には5～8項目、とり組んで下さい。1ヵ月でメキメキ力がついてくるのが感じられると思います。

　なお、本書を書くにあたり、角川書店の松永真哉氏に大変お世話になりました。心から御礼申し上げます。また、永井草二編集長には、貴重なアドバイスを得ました。御礼申し上げます。

目 次

この本の自己紹介 … 3

1 超基本3パターンから復習します！ … 10
　——簡単すぎると思う人はとばしてください——

2 質問してみましょう … 13
　——外国人に話しかける時、すぐ質問文が出てきますか——

3 notを入れたら、たちまち打ち消し … 16
　——否定文にはとにかくnotを入れる——

4 3単現のs … 19
　——3人称・単数・現在形——

5 助動詞が動詞を助けます … 21
　——英文を豊かにする助動詞——

6 can, may, mustから始めましょう … 24
　——各助動詞の意味と用法を確認していきます——

7 助動詞 will 未来形の説明をしてしまいます … 26
　——will 1本で間に合います——

8 ちょっとだけむずかしい助動詞 … 28
　——have to, ought to, used to, need, dare, 過去形の助動詞——

9 過去の話の作り方 … 31
　——be動詞、一般動詞、質問文、否定文の場合——

10 進行形 … 34
　——やさしすぎるようですが…——

11 "There is ~." と "There are ~." … 36
　——「～がある」「～がいる」という表現——

12 名詞① … 39
　——数えられる名詞と数えられない名詞——

13 名詞② … 42
　——数・量——

14 代名詞① … 45
　——人称代名詞と所有代名詞——

15	代名詞②	48
	——所有代名詞と再帰代名詞——	
16	代名詞③	51
	——itの用法——	
17	代名詞④	53
	——不定代名詞——	
18	冠詞	55
	——冠詞は名詞のかんむり——	
19	形容詞①	58
	——名詞や代名詞を修飾します——	
20	形容詞②	61
	——文の補語になる形容詞——	
21	形容詞③	63
	——基数と序数——	
22	副詞①	66
	——副詞は副える詞——	
23	副詞②	69
	——副詞の働きをする連語——	
24	疑問詞①	72
	—— what, who, which ——	
25	疑問詞②	75
	—— when, where, why ——	
26	疑問詞③	78
	—— how ——	
27	5文型①	80
	—— SV, SVC ——	
28	5文型②	83
	—— SVO, SVOO ——	
29	5文型③	86
	—— SVOC ——	
30	命令文	88
	——「〜しなさい」「〜してはならない」——	

31	感嘆文	91
	——「なんと~なのだろう」——	
32	不定詞①	93
	——3つの用法——	
33	不定詞②	96
	——疑問詞 + to——	
34	不定詞③	98
	——tell…to~——	
35	不定詞④	100
	——"it…(for –)to~" と "too…to~"——	
36	動名詞	103
	——動詞と名詞が結婚したら、動名詞になりました——	
37	動名詞と不定詞	106
	——これがわかれば、英文法の山を征服したようなもの——	
38	受動態①	109
	——能動態と受動態——	
39	受動態②	112
	——疑問文・否定文——	
40	受動態③	115
	——by以外の前置詞——	
41	分詞①	118
	——現在分詞——	
42	分詞②	121
	——過去分詞——	
43	比較①	124
	——原級——	
44	比較②	126
	——比較級——	
45	比較③	129
	——最上級——	
46	比較④	132
	——「どれが?」「だれが?」「何が?」——	

47	比較⑤	135
	——better, bestの文——	
48	接続詞①	137
	——that——	
49	接続詞②	140
	——時を表す接続詞——	
50	接続詞③	143
	——if, because, as, though, although——	
51	接続詞④	145
	——連語の接続詞——	
52	現在完了①	148
	——3つの意味——	
53	現在完了②	151
	——疑問文・否定文——	
54	関係代名詞①	154
	——2つの文をつなぎます——	
55	関係代名詞②	157
	——主格の関係代名詞——	
56	関係代名詞③	160
	——目的格の関係代名詞——	
57	関係代名詞④	162
	——所有格の関係代名詞——	
58	間接疑問文	164
	——語順にご用心——	
59	付加疑問文	167
	——「～ですよね」——	
60	否定	170
	——否定はnotだけではない！——	
61	部分否定	173
	——「あまり～ではない」——	
62	前置詞①	176
	——at, by——	

63	前置詞②	178
	——for, on——	
64	前置詞③	180
	——of, in——	
65	前置詞④	182
	——to, with——	
66	前置詞⑤	184
	——from, over——	
67	前置詞⑥	186
	——above, beyond, under, below, off——	
68	前置詞⑦	188
	——into, about, around, through——	
69	国名	190
	——JapanとJapanese——	
70	英会話 使える表現①	192
	——あいさつ——	
71	英会話 使える表現②	195
	——電話——	
72	英会話 使える表現③	198
	——道案内——	
73	英会話 使える表現④	200
	——ホテルのフロント——	
74	英会話 使える表現⑤	203
	——レストラン——	
75	英会話 使える表現⑥	206
	——買い物——	
76	英会話 使える表現⑦	208
	——病院——	
77	英会話 使える表現⑧	211
	——乗り物——	
78	英会話 使える表現⑨	214
	——天候——	

79	英会話 使える表現⑩	217
	——勧誘・依頼——	
80	英会話 使える表現⑪	219
	——同意・了解・異論——	
81	英会話 使える表現⑫	221
	——同情・激励——	
82	料金を表す単語	223
	——移動の基本です——	
83	depart, departure, department	226
	——意外な展開——	
84	トイレに行きたい！	228
	——ちょっと臭い話ですが——	
85	予約	230
	——いろんな表現がありますね——	
86	やめたくてもやめられないのがお酒とタバコ	233
	——お酒とタバコの表現——	
87	中東	236
	——英語を知っていると世界情勢がわかります——	

推薦したい英語の本　　　　　　　　　　　　　　　　　　　　239

1 超基本3パターンから復習します!
―― 簡単すぎると思う人はとばしてください ――

① This <u>is</u> a tennis racket.
 (これはテニスのラケットです)
② You <u>have</u> a book.
 (あなたは本を一冊持っている)
③ He <u>swims</u> in the river.
 (彼は川で泳ぐ)

上の3つの英文は、何の変哲もないやさしい英文ですが、実は、すべての英文は上記の3つのパターンに尽きるのです。以後、超基本3パターンと呼ぶことにします。
①はbe動詞の英文、②は一般動詞の英文、③は一般動詞で3単現のsがついている英文です。
英語をまっぷたつに分けてみましょう。be動詞の英文と一般動詞の英文です。なんといってもこれが2大分類ですね。ただ、英語の基本から学びなおす際に、一般動詞のグループを3単現の場合とそうでない場合とに分けておくと便利です。3単現というと、あまり意味のない文法要素のようですが、超基本からなぞる場合、きちんと通過しておくべき大きなポイントです。そもそも私達日本人がまず最初につまずくのが、3単現のsです。すべての英文はこの3種類に分けられます。後で詳しく展開しますが、これを質問文に変えてみると、この分類の重要性が伝わってきます。

① <u>Is</u> this a tennis racket?
 (これはテニスラケットですか)
② Do you <u>have</u> a book?

(あなたは本を一冊持っていますか)
③ Does he <u>swim</u> in the river?
(彼は川で泳ぎますか)

確かに、疑問詞や助動詞が英文にはいっている場合、上記の超基本3パターンに分類しにくいようにみえるかもしれません。しかし、骨組みとしては超基本3パターンにしぼることができるのです。
それでは、助動詞や疑問詞などを含んだ英文を並べてみましょう。

① He may <u>be</u> ill in bed.
(彼は病気で寝ているかもしれません)
② What do you <u>like</u>?
(あなたは何が好きですか)
③ She can <u>ride</u> a horse very well.
(彼女はとても上手に馬に乗ることができます)

この3つは、超基本3パターンに助動詞や疑問詞が加わったものです。
上記の①と③は、助動詞のmayやcanが入ったものです。②は疑問詞whatが文頭に入りました。
助動詞や疑問詞を外して超基本3パターンに分類すると、次のようになりますね。

① He <u>is</u> ill in bed.
(彼は病気で寝ています)
② You <u>like</u> reading.
(あなたは読書が好きです)
③ She <u>rides</u> a horse very well.

> （彼女はとても上手に馬に乗ります）

それでは、超基本3パターンに沿って英会話に使いやすい例文を並べましょう。

> ① My name <u>is</u> Jack Smith.
> （私の名前はジャック・スミスです）
> ② I <u>get</u> up at seven every morning.
> （私は毎朝7時に起きます）
> ③ My mother <u>goes</u> to church every Sunday.
> （私の母は毎週日曜日に教会へ行きます）

get up「起きる」、wake up「起こす」ですね。
at sevenのatは、時刻の前置詞atです。「アット言う間」のatです。
churchやschoolは、原則として冠詞を付けません。その建物本来の目的で使われる場合、冠詞をつけないのです。

例文です。

> Please wake me up at seven thirty next morning.
> （明日、7時半に起こしてください）
> My son goes to school at eight in the morning.
> （息子は8時に学校へ行きます）

2 質問してみましょう
――外国人に話しかける時、すぐ質問文が出てきますか――

① **Is that a Japanese restaurant?**
（あれは日本料理店ですか）
② **Do you speak Japanese?**
（あなたは日本語を話しますか）
③ **Does your boss play golf?**
（あなたの上司はゴルフをしますか）

①はbe動詞の質問文、②は一般動詞の質問文、③は一般動詞で3単現の場合の質問文です。まさに中学1年文法の復習ですが、外国人と会話している時にすぐ質問文が出てくるかが問題です。例えば次のような表現がすぐ口から出てきますか。

① この包みは私のものですか
② アメリカの学生たちはフランス語を学びますか
③ このショッピングモールにはトイレがありますか

＜解答＞
① Is this package mine?
② Do American students study French?
③ Does this shopping mall have a restroom?

①がなかなか出てこないのは次のような理由だと思われます。be動詞の疑問文では、次のようなパターンが焼きついているようです。

Is he a manager?（彼は課長ですか）

> Are you an office worker?（あなたは会社員ですか）
> Is this a Scotch tape?（これはセロテープですか）

中学生風に言うとAre you a boy?の世界です。
②のDoを使う一般動詞の疑問文は、Do you play tennis?のパターンが頭にしみこんでいます。すなわちDo you+動詞+?のパターンです。ですから「アメリカの学生たち」などという複数の主語が突然出てくるととまどってしまうのです。
Do you ～?　Does he ～?　Does she ～?のパターンならすらすらと出てくるのです。あるいは、Do they ～?ぐらいなら出てくるかもしれませんが、Does the student～?やDo the students～?は頭に浮かびにくいようです。ですから、現実の英会話の質問文は次のようにします。ただし現段階では現在形だけを考えましょう。

> ① 自分が習熟していないパターンの場合、瞬時にbe動詞か一般動詞かを判断する。
> ② be動詞なら、be動詞を文頭へ→たいていisかare、あるいはamにする。
> ③ 一般動詞なら3単現かどうかを判断する。
> ④ 3単現ならdoes、そうでなければdoにする。
> ⑤ 次に主語を置き、動詞さらに前置詞句などのオマケを話す。

それでは練習問題です。Be動詞と一般動詞の区別、3単現か否かに注意してください。

① あの建物は鉄道の駅ですか
② あなたの両親は日曜に教会に行きますか
③ この値段は税金を含んでいますか
④ あなたとあなたの友人は、今日、ロンドンに行くのですか
⑤ 始発は7時に出ますか
⑥ 魚釣りが好きですか

⑦ むこうで歌を歌っている人たちはアメリカ人の旅行者ですか

〈解答〉
① Is that building a railroad station?
② Do your parents go to church on Sunday?
③ Does this price include the tax?
④ Do you and your friend go to London today?
⑤ Does the first train start at 7?
⑥ Do you like fishing?
⑦ Are the people singing a song over there American tourists?

①は、Is that a pen?のパターンですが、that buildingになるので、発音しているうちに少し違和感が出てくるかもしれません。
②両親は複数です。
③のパターンは、おつりのごまかしをされないためにも必要。
④は複数。⑦はAre you a teacher?のパターンですが、少々複雑になっています。
いくつかの単語の整理をしておきましょう。
ステーションは、鉄道の駅など、どっしりとした建物を指します。鉄道に限らず、一つの固定した建物の位置関係を言います。例えば、宇宙ステーションという発想です。gas stationはガソリンスタンドです。ガソリンスタンドというのは和製英語で正しい英語ではありません。鉄道の駅でも、駅の数を数える場合はstopと言います。バス停はbus stopですね。ただし、大方のバスの発着所はdepotと言います。
priceは値段です。料金はcharge、rate、feeの3つを覚えなければなりません。includeは「含む」、excludeは「排除する」です。
もちろん、first「最初の、第一番目の」とfast「早く」を混乱しないでください。trainには「電車」という意味と、「訓練する」という意味があります。もともと、馬車を引っ張るという意味でした。馬車から鉄道になりました。引っ張るから、訓練して人を引き上げる、という意味になりました。

3 notを入れたら、たちまち打ち消し
——否定文にはとにかくnotを入れる——

① **These towns are not bustling cities.**
(これらの街は騒々しい都市ではありません)
② **They don't work on Saturday.**
(彼らは土曜日は働かない)
③ **The university doesn't have a law department.**
(その大学には、法学部はありません)

He is not a teacher.やI don't know.やHe doesn't speak English.なら、口からすらすらと出るかもしれません。
①③の場合、主語が人間ではありません。②の主語であるtheyは、特定の人間たちではなく、不特定な人間の集まりを表しています。
They speak English in New Zealand.
(ニュージーランドでは人々は英語を話します)
上の文でtheyはニュージーランドの人々を指します。
英語では、否定文を話す場合、次の順序の組み立てを瞬時に行うはずです。もちろんHe is not a student.やI don't know.のような簡単な英語の場合、何も考えずに口から出るはずですが…。
①私が言おうとしているのは打ち消しだ、と反応しつつ…
②主語とnotの組み合わせをすぐに考える！
③動詞とそれ以外のオマケを後ろにくっつける。
冒頭の①なら、These townsという主語とare notを頭に浮かべる。その時、don'tやdoesn'tでなくare notであるという判断を瞬間的にするわけです。ここまで頭に浮かべば9割言えたようなもの。あとはオマケです。
練習問題に挑戦してみてください。

① あのデパートでは文房具は売っていない
② その店には日本茶は売っていない
③ この会社にはアメリカ人従業員はいない
④ フリーマントルは大きな都市ではない
⑤ これらのシャツは高くない

<解答>
① They don't sell stationery at that department store.
② The shop doesn't sell Japanese tea.
③ We don't have American employee.
④ Freemantle is not a big city.
⑤ These shirts are not expensive.

すべて否定文ですが、be動詞+notかdon'tかdoesn'tかを見分けてください。
先ほど法学部はlaw departmentでした。法学の部門ということですね。百貨店(department store)は、「部門別に分かれたお店」ということ。
※参考 depart「出発する」、department「部門」
②はThey don't sell Japanese tea at the shop.でもOKです。
③の単語をまとめておきましょう。
employ「雇う」、employer「雇い主」、employee「雇われ人、従業員」※[エンプロイー]と発音します。
④のFreemantleはオーストラリアのパース近郊にあるロマンチックな港町です。ぜひ行ってみてください。
⑤の単語もまとめます。
expensive「値段が高い」、cheap「安っぽい」、reasonable「納得のいく値段である」、inexpensive「高くない」
お店などで「この値段は安い、買ってもいいなぁ」という場合はreasonableを使います。cheapは「安っぽい」という意味で、褒め言葉ではありません。
もう一度練習問題をしておきます。
① 彼らは私ほど若くない

② 私には姉妹はいません
③ 彼の友人は刺身を食べません

＜解答＞
① They are not as young as I.
② I don't have sisters.
③ His friend does not eat sashimi.

①は比較の文です。また、このIをmeにしてはいけません。They are not as young as I am.が正解ですから。③の「刺身」はsashimiです。昔はraw fish「生の魚」と言ったりしました。
なお、notの代わりにneverを使うこともありますね。neverはnot everです。
① You have never been to Banff.
（あなたは、まだバンフに行ったことはありませんね）
② I never say such a thing.
（私は決してそんなことは言いません）
①のneverは「かつて～したことはない」「今までに～なことはない」です。現在完了と一緒に使われやすいですね。
②のneverは「決して～ない」です。

3単現のs
——3人称・単数・現在形——

① I wash my face.
（私は顔を洗います）
② She wash<u>es</u> her face.
（彼女は顔を洗います）
③ Tom wash<u>es</u> his face.
（トムは顔を洗います）

3単現とはなんでしょうか。<u>3</u>人称・<u>単数</u>・<u>現在形</u>です。
①の主語はI。Iは1人称なので、washにはsをつけません。
②の主語はshe。sheは<u>3</u>人称で、<u>単数</u>。文は<u>現在形</u>なので、washesになります。
③の主語はTom。Tomは1人称(I, we)でも、2人称(you)でもありませんね。3人称です。ですから、washesになります。
中学1年生が最初につまずくのは3人称単数のsです。さらに複数形のsが出てきて、混乱に輪をかけます。「今さら...」と思われるかもしれませんが、きちんと整理しておくと、頭がすっきりして英語が脳みそに入りやすくなります。

練習問題です。□内に、正しくsがついているものには○を、間違ってsがついているものには×を書いてください。
□① I gathers information.
　　（私は情報を集める）
□② My father gather information.
　　（私の父は情報を集める）
□③ They make schedule.
　　（彼らは計画を立てる）
□④ He make schedule.
　　（彼は計画を立てる）

- ⑤ You get an airline ticket.
  (あなたは航空券を手に入れる)
- ⑥ The lady takes a walk with her dog.
  (その女性は、自分の犬と散歩する)
- ⑦ My son and his friend go fishing almost every Sunday.
  (私の息子と彼の友達はほとんど毎日曜日に釣りにいく)
- ⑧ This mechanical pencil have a long cap.
  (このシャープペンシルは長いキャップがついている)
- ⑨ My parents show their passports.
  (私の両親は自分たちのパスポートを見せる)
- ⑩ The students stands in line.
  (学生たちは列に並ぶ)

＜解答＞①× ②× ③○ ④× ⑤○ ⑥○ ⑦○ ⑧× ⑨○ ⑩×
正しくは、次のようになります。
① I gather information.
② My father gathers information.
　My fatherは3人称単数ですね。文も現在形なので3単現です。
④ He makes schedule.
⑧ This mechanical pencil has a long cap.
　3単現ですね。haveをhasにします。
⑩ The students stand in line.

3単現のsは、疑問文や否定文を作る際に重要になってきます。

> He speaks French.
> （彼はフランス語を話す）
> →【疑問文】Does he speak French?
> →【否定文】He <u>doesn't</u> speak French.

上記のように、疑問文では、DoではなくDoesを用います。否定文では、don'tではなくdoesn'tを用います。

5 助動詞が動詞を助けます
―英文を豊かにする助動詞―

① Can I have wine?
（ワインをいただけますか【レストランでの注文】）
② You can speak both Japanese and English here.
（ここでは、日本語でも英語のどちらでも話していいですよ）
③ I can't walk any more.
（もう歩けません）

助動詞は、動詞を助ける詞（コトバ）です。助動詞を駆使できるといろんな英文が言えるようになります。ポイントは次の通りです。

- ・動詞の直前に置く
- ・動詞は原形になる
- ・疑問文を作るときは助動詞を文頭に
- ・否定文を作るときは助動詞の後ろにnotを配置

---

① She fastens her seat belt.
（彼女は自分のシートベルトを締める）
② She <u>must</u> fasten her seat belt.
（彼女は自分のシートベルトを締めなければならない）
③ I recline the seat.
（私は座席を倒す）
④ <u>May</u> I recline the seat?
（座席を倒していいですか）
⑤ You <u>must not</u> recline the seat.
（あなたは座席を倒してはいけない）

①に助動詞mustが加わったのが、②の例文です。
③を助動詞の疑問文にしたのが④、否定文にしたのが⑤です。
システマティックに説明しましょう。

---

① He speaks Japanese.（普通の文）
（彼は日本語を話す）
② He can speak Japanese.（助動詞の入った肯定文）
（彼は日本語を話すことができる）

助動詞は20個ほどしかない文法的に最重要の単語です。助動詞だけはすべて覚えておく必要があります。一緒に覚えましょう。

> ① 意外な助動詞たち
> **be, have, do**
> 疑問文、否定文、進行形、受動態を作るときに使います。
> ② 基本3人組
> **can, may, must**
> ③ ちょっと難しい助動詞たち
> **have to , ought to, need, dare**
> ④ 過去形の助動詞たち
> **could, might, should, would**
> ⑤ 未来形の助動詞
> **will, shall**

①で、例えば次の英文のbe(is)は助動詞です。
He is playing tennis now.
（彼は今テニスをしています）
④の過去形の助動詞は、過去形を表すとは限りません。
過去形を表すのは、時制の一致ぐらいです。
He said , "I will buy a ticket."
He said that he would buy a ticket.

（彼は、切符を買うと言った）
また、これらの過去形の助動詞は敬語的役割を果たします。
21ページの冒頭の文 "Can I have wine." より、次のほうが丁寧です。
Could I have wine?

英語には、敬語がないと言われます。しかし、敬意を表す方法があります。ひとつは、助動詞の過去形を使うパターンです。もうひとつはsirをつける場合です。
Would you tell me the nearest bus stop?
（最寄りのバス停を教えていただけませんか）
Yes, sir.
（かしこまりました）

can, may, mustから始めましょう
―― 各助動詞の意味と用法を確認していきます ――

① He cannot be ill.
（彼は病気であるはずがない）
② May I have your name?
（あなたの名前を教えてくれませんか）
③ He may be ill in bed.
（彼は病気で寝ているかもしれない）
④ You must not get off the bus.
（あなたはバスから降りてはいけない）
⑤ Must I apply for a passport?
（パスポートを申請しなければなりませんか）

まずはcanから。

① **You can go there.** 可能
（あなたは、そこへ行くことができる）
② **Can it be true?** 否定推量
（いったいそれ本当ですか）

次はmayについて説明します。

① **You may ask for a discount.** 許可
（割引を頼んでもいいんですよ）
② **The story may be true.** 推量
（その話は本当かもしれない）
③ **May all of you be happy!** 祈願

> （皆さんお幸せに）

③をAll of you may be happy.にすると「皆さんは幸せかもしれない」になります。mayが文頭にくる語順と「！」が大切。
最後にmustについて。

① **You must count the change.** 義務
（あなたはお釣りを数えなければならない）
② **You must not waste time.** 禁止
（あなたは時間を無駄にしてはいけない）
③ **The guy must be a robber.** 断定
（そいつは泥棒にちがいない）

②はmust notで禁止と覚えてください。次の文と書き換え可能。
Don't waste time.
changeは重要多義語です。意味をまとめましょう。

change
① 交換する、野球のスリーアウトチェンジ（≒exchange）
② 小銭
③ お釣り

7 助動詞will 未来形の説明をしてしまいます
―― will 1 本で間に合います ――

① His mother will grind coffee beans.
   (彼の母はコーヒー豆を挽いてくれるでしょう)
② Will you come here?
   (ここに来てくれませんか)
③ I will not do it today.
   (私は今日それをやりません)
④ Is he going to go fishing this afternoon?
   (彼は、今日の午後、魚釣りに行きますか)

私が中学の頃は、willとshallの違いをやかましく習ったものです。
今では、少なくともアメリカでは、will 1 本で英会話できます。
willは未来形の助動詞であると同時に未来を表す万能選手でもあるのです。また、be going toも未来(予定、～するつもり)を表します。
"Will you ～?"は、未来形の疑問文であると同時に、依頼を表す文にもなりますね。
まぎらわしいので未来形の疑問文の場合、be going toを使うのが一般的です。

【依頼】
① Will you open the door?
   (ドアを開けてください)

【未来】
② Is your mother going to drive you to church?
   (あなたのお母さんは車で教会へ送ってくれるのですか)

いくつか例文を紹介しましょう。

> ① I will *do my best*.
> （私は全力を尽くします）
> ② Will you hand this letter to her?
> （この手紙を彼女に手渡していただけませんか）
> ③ He will not attend the party tomorrow night.
> （彼は明日の夜のパーティーに出席しないでしょう）
> ④ Are you going to go to museum this afternoon?
> （あなたは今日の午後博物館に行きますか）

なお、will notはwon'tと省略しますが、[wóunt] と発音します。want[wánt] と聞き間違えないでください。
③のpartyには「パーティー」という意味の他に「グループ」「党派」という意味があります。attendの名詞はattendance「出席」です。大学の語学の教師は単位（credit）を与え、評価（evaluation）をするためにattendanceを毎回取ります。

8 ちょっとだけむずかしい助動詞
―― have to, ought to, used to, need, dare, 過去形の助動詞 ――

① You have to listen carefully.
 (注意深く聞くべきです)
② You ought to get up early every morning.
 (あなたは毎朝早起きすべきだ)
③ You needn't look after the children.
 (あなたは子どもたちの世話をする必要はない)
④ How dare you say such a thing to me?
 (よくそんなことが私に言えるね)
⑤ You shoud do it right now.
 (それを今すぐやるべきです)
⑥ Would you tell me the nearest bus stop?
 (最寄りのバス停を教えていただけません)
⑦ I would like to talk to you.
 (あなたに話したいのです)

have toは [ハフツー] と発音します。
has toは [ハスツー] と発音します。
ought toはshouldと同じ意味と考えてOK。
義務・当然のought to, shouldです。
ただ、ought toの場合、否定文はought not toです。
You ought not to poke your nose into others.
(あなたは、他人を詮索するべきではない)
poke one's nose into ～で「～の詮索をする」です。
詮索好きな人をnosy personと言います。
needは、助動詞としては、疑問文または否定文として使われます。
肯定文の場合は、動詞のneedを使います。
We need some money.
(お金が必要です)

used toは過去の習慣や事実を表します。
We used to have Mr.John West in this company, but not now.
(この会社には、以前、ジョン・ウエストさんがいましたが、今はいません)
There used to be an old church around here.
(以前、この辺りに古い教会がありました)
このused toには、重要な親戚単語がありますね。

> **used to** 助動詞 「過去の習慣や事実」［ユーストゥー］と発音
> **use** 動詞 「使う」［ユーズ］と発音
> **use** 名詞 「使用」「有益」［ユース］と発音
> **be used to** 動詞ing 熟語「〜することに慣れている」［ユーストゥー］と発音

結局、動詞だけ［ユーズ］というふうに、にごって発音します。
過去形の助動詞は、前述のように敬語のはたらきをします。
I want to 〜より、I would like to〜を使うべきです。
Will you〜より、Would you〜のほうが丁寧で適切です。
それでは英会話に使えそうな英文を並べておきましょう。

① He is now better off than he used to be.
（彼は昔より暮らし向きがよい）
② Would you like another cup of tea?
（お茶をもういっぱいいかがですか）
③ He should see a doctor.
（彼は医者に診てもらうべきだ）
④ Can it be true?
（いったいそれは本当だろうか）
⑤ It cannot be true.
（本当であるはずがない）
⑥ It must be true.

>   (それは本当であるにちがいない)
> ⑦ **It may be true.**
>   (それは本当かもしれない)
> ⑧ **May there never be another World War!**
>   (世界大戦が2度と起こらぬことを祈る)
> ⑨ **I had to do everything by feel.**
>   (私はすべてを手探りでしなければならなかった)

①では、well offが「暮らしむきが良い」なので、その比較級であるbetter offが使われています。反対語はbadly offです。
used toは、過去の状態を表す助動詞ですから、現在の状態を示すbe動詞のisと対比させ、過去と現在を比べているのですね。
④から⑦までは一つのセットとして覚えて下さい。
⑧のanotherはan+otherで「もうひとつの」という意味です。warは［ウォー］と発音します。祈願文ですから、文末に！マークを入れます。手紙の末尾にMay all of you be happy！（みなさんお幸せに）と書いたりします。
⑨ではdo～by feelで「手探りで～する」という熟語。

英語「超基本」を一日30分!

9 過去の話の作り方
──be動詞、一般動詞、質問文、否定文の場合──

① He was absent from school.
   (彼は学校を休んだ)
② My father gave me a nice present.
   (私の父は私にすてきなプレゼントをくれた)
③ Was he present at the meeting the day before yesterday?
   (彼はおとといの会議に出席しましたか)
④ Did you see him this morning?
   (今朝彼に会いましたか)
⑤ I was not in Tokyo at that time.
   (私はその当時、東京にいなかった)
⑥ The branch office manager didn't take a taxi.
   (支店長はタクシーを使わなかった)

過去の話、昔の話は、当然ながら過去形を使います。
過去形はカンタン!

---

① be動詞の場合　was と were を使う。
② 一般動詞の場合　d または ed をつける。
　　　　　　　　　不規則変化を使う。
③ be動詞の疑問文の場合　was か were を文頭に
　　　　否定文の場合　wasn't か weren't
④ 一般動詞の疑問文の場合　Did ～?
　　　　否定文の場合　didn't

それでは、上の例文の説明をしておきます。単語の説明とともに
時制の用法についても触れていきます。
be present at ～　「～に出席する」
be absent from ～　「～に欠席する」

presentは有名な多義語です。おさえておきましょう。

> 【present】
> ① 贈り物
> ② プレゼントを贈る
> ③ 出席して
> ④ 現在の

the day before yesterdayは「おととい」
the day after tomorrowは「あさって」
at that time ＝ then「その時」「その当時」
⑤は便利な表現。
I was in Canada two years ago.
(私は2年前カナダにいた)
Tom is in the bathroom now.
(トムは今バスルームにいます)
上の文は、Where is Tom?（トムはどこにいる?）に対する、答えの一例。
トイレに入っている時、誰かがノックしたら、次のように言います。
I'm here.（私はここにいます→入っています）
managerは「課長」クラス「支配人」などの意味。[マニッジャー]と発音します。directorはもう少しレベルが高く「部長」クラス。なお、branch managerで「支店長」。chiefやsection chiefは「係長」クラスです。
実用的な例文を並べましょう。

① You gave me a wrong change.
   (お釣りが間違ってますよ)
② He was not as tall as he is now.
   (彼は、以前は、今ほど背が高くありませんでした)
③ Was he a teacher?

（彼は先生だったのですか）
④ **He didn't tell a lie.**
　　（彼はウソをつかなかった）
⑤ **Did you call me yesterday?**
　　（昨日電話くれた）

①のwrongは「間違っている」という意味です。「悪い」はbadです。
You got a wrong number.
（番号間違いですよ）
changeには「交代する」「交代」の他に「おつり」「小銭」という意味があります。
④でtell a lie「ウソをつく」。反対熟語はtell a truth「本当のことを話す」。
⑤のcallには「呼ぶ」の他に「電話する」「電話」の意味があります。後の2つは、telephone callがphone callになり、callになってしまったものです。

10 進行形
―やさしすぎるようですが…―

① **She is taking** a bath now.
（彼女は今お風呂にはいっています）
② Is Tom **talking** on the phone?
（トムは電話しているのですか）
③ I'm **coming**.
（そっちに向かってますよ）
④ I must **be going** now.
（もう失礼しなければなりません）
⑤ My father **is not reading** a newspaper.
（父は今新聞を読んでいません）

例文を説明します。
②のon the phoneは直訳すると「電話の上」ですが、「電話中」という熟語です。
③のI'm coming.は決まり文句です。例えば私が「早くこっちにきてくれよ」といった場合、呼ばれた私の妻は「今向かっているわよ」と答えたりする場合です。
④のI must be going.も決まり文句です。進行形に助動詞のmustがはいっているわけです。人の家に招待され、帰る時に言うセリフです。

進行形、というと「今さら、やさしすぎる」と思う方も多いでしょう。ただ、進行形にまつわる表現を覚えておくと、英語が豊かになります。また、進行形に関する文法は、他の英語項目の文法に関係していますので、体系的に基本英文法が脳みそに沈むでしょう。
進行形は【be ＋ 動詞ing】です。まさに、現在進行中の動作を表わすわけです。中学時代の英語の先生である山内先生は、教室を

歩きながら「僕は今教室を歩いている、現在歩くという動作が進行している。これが、日本語の現在進行形だ」とおっしゃったのを記憶しています。英語で言うと、下記のようになります。
I'm walking in the classroom now.
文法的にはbe動詞が助動詞の働きになります。言葉の矛盾がありますね。beが助動詞になっているわけです。
まとめます。

> 【進行形】
> ① 疑問文は*be*を文頭に
> ② 否定文は*be*の後にnotをつけるだけ
> ③ *be*を過去にすると過去進行形になる

一つ例をとって、色々と変化させてみましょう。

He is playing tennis now.
（彼は今テニスをしているところです）

→ 疑問文
　<u>Is</u> he playing tennis now?
→ 否定文
　He <u>is not</u> playing tennis now.
→ 過去形
　He <u>was</u> playing tennis at that (the) time.
→ 過去形の疑問文
　<u>Was</u> he playing tennis at that (the) time?
→ 過去否定文
　He <u>was not</u> playing tennis at that (the) time.

11 "There is 〜." と "There are 〜."
――「〜がある」「〜がいる」という表現――

① <u>There is</u> a dog at the door.
(ドアのところに一匹の犬がいます)
② <u>There are</u> some presents by his bedside.
(彼の枕もとにいくつかのプレゼントがあります)

①は、文の主語が単数なので、動詞がis、②の文の主語は複数なので、動詞はareになります。"There is 〜." と言う時、〜には文の主語がきます。①はdog、②はpresentsが文の主語です。

"There is 〜." と "There are 〜." を疑問文と否定文に変化させてみましょう。

---

① <u>Is there</u> a post office near here? / Yes, there is.
(このあたりに郵便局はありますか) / (はい、あります)
② <u>Are there</u> any dictionaries on the shelf? / No, there aren't.
(その棚にいくつか辞書がありますか) / (いいえ、ありません)
③ <u>There is</u> not a cloud in the sky today.
(今日は空に雲ひとつありません)
④ <u>There are not</u> any students in the classroom.
(教室には生徒はひとりもいません)

---

①②のように、be動詞であるisやareを文頭に置いて、"Is there 〜?" "Are there 〜?" という形にすると疑問文になります。訳は"〜がありますか"となります。また、答える時にはthereを用い

36

て答えます。
③④のように、動詞(is, are)の後にnotを置くと、否定文になります。isn'tやaren'tという短縮形を用いることもあります。

次に、過去形に変化させてみましょう。

① <u>There was</u> a key on the table.
（テーブルの上には鍵がありました）
② <u>Were there</u> any passengers on the ship?
（船には乗客がいましたか）
③ <u>There was</u> not enough food for birds.
（鳥達には充分なエサがありませんでした）

①を現在形の文にすると、There is a key on the table.です。この文のisをwasにすると、①の過去形の文になります。現在形の文と同様、"There is 〜." "There are 〜."の〜の部分には主語がきます。その主語が単数であればbe動詞はwas、複数であればwereになります。
②は、過去形の疑問文になっていますね。文の主語が複数なので、"Were there 〜?"になっています。
客にもいろいろあり、英単語では使いわけが大切です。

① guest　ホテルや個人宅への客
② passenger　乗客
③ customer　商店などのおとくい客
④ client　弁護士や病院などの専門的な場所への客

③は過去形の否定です。"There was not 〜" "There were not 〜"の形にします。
短縮して、"There wasn't 〜" "There weren't 〜"でもOKです。

実際にはどのように使われているのでしょうか。例文です。

> ① <u>There was</u> a small attendance at the meeting.
> （会議の集まりが悪かったです）
> ② <u>There is</u> little hope that you can get there on time.
> （あなたがそこに時間通りに到着できる見込みは薄いです）
> ③ <u>There are</u> many restrictions in this game.
> （このゲームにはたくさんの制約があります）
> ④ <u>There was</u> an essential item missing from the note.
> （そのメモには、不可欠な項目が抜けていた）

①のsmall attendanceを直訳すると「少しの出席」という意味ですから、「集まりが悪い」という意味になります。
②の「There is little hope that 〜」は、「〜の見込みは薄い」という意味です。littleは「ほとんど〜ない」、on timeは「時間通りに」という意味。in timeは「時間に間にあって」という熟語です。
④I have no idea.(私はアイデアが思い浮かばない)という文を思い出してください。「missingした項目があった」＝「抜けていた」itemは［アイテム］と発音します。イテムではありません。「項目」「商品」という意味の単語です。noteは重要多義語で「メモ」「手形」「紙幣」「音の調子」などの意味をもつ英単語です。

12 名詞①
――数えられる名詞と数えられない名詞――

【数えられる名詞】sister（姉or妹）, apple（リンゴ）, cat（猫）
insect（昆虫）, plane（飛行機）, meter（メートル）など

【数えられない名詞】milk（牛乳）, Japan（日本）, meat（肉）
music（音楽）, January（1月）, soccer（サッカー）など

名詞には、<u>数えられる名詞（可算名詞）</u>と<u>数えられない名詞（不可算名詞）</u>があります。

世の中には膨大な数の名詞があり、上記はほんの一部の例です。
数えられる名詞の場合、単数形にはaやanがつきます。
また、apples（複数のリンゴ）やbusses（複数のバス）のように、名詞が複数形の場合、語尾にsやesをつけて変化させます。複数形にする場合、どの名詞をどのように変化させるのでしょうか。

> 【複数形に変化する際、規則変化する名詞】
> ① 語尾が s, ch, sh, x の名詞 → es をつける
> ② 語尾が子音字＋y の名詞 → y を i にして es をつける
> ③ 語尾が f, fe の名詞 → f, fe を ves にかえる
> ④ 上記以外の名詞 → s をつける

それぞれの例を挙げましょう。
① bus→bus<u>ses</u>（バス）, fox→fox<u>es</u>（キツネ）
② fly→<u>flies</u>（ハエ）, diary→<u>diaries</u>（日記）
③ knife→kni<u>ves</u>（ナイフ）, wife→wi<u>ves</u>（妻）
④ sister→sister<u>s</u>, apple→apple<u>s</u>

a, i, u, e, o を母音といい、それ以外の音が子音です。
前記の名詞は規則的に変化しましたが、不規則な名詞もあります。

> 【複数形に変化する際、不規則変化する名詞】foot（足）
> → feet, child（子供）→ children, woman（女性）→ women
> 【単複同形の名詞】sheep（羊），fish（魚）

単複同形の名詞は、単数形であっても複数形であっても形が変化しません。
さらに、数えられる名詞は、普通名詞と集合名詞に分けられます。

> 【普通名詞】apple（リンゴ），desk（机） など
> 【集合名詞】family（家族），people（人々） など

数えられない名詞は、物質名詞、固有名詞、抽象名詞に分けられます。下記の名詞は、aやanをつけず、複数形にもしません。

> 【物質名詞】 paper（紙），hair（髪） など
> 【固有名詞】 Europe（ヨーロッパ），Ross（ロス）など
> 【抽象名詞】 peace（平和），tennis（テニス） など

最後に、名詞の形に注目して以下の例文をみてみましょう。

> ① I'll call <u>the police</u>.
>   （警察を呼びますよ）
> ② He called at <u>Mr. White's</u> house.
>   （彼はホワイトさんの家に立ち寄りました）
> ③ She cannot keep <u>a secret</u>.
>   （彼女は秘密を守れない人間です）
> ④ He put <u>the dictionary</u> on <u>the table</u>.
>   （彼はテーブルの上に辞書を置きました）

> ⑤ I wrapped <u>the box</u> in <u>paper</u>.
> （私はその箱を紙で包みました）

①のpolice「警察」は数えられない名詞ですが、policeman「警察官」は数えられる名詞です。
②のMr. White（人名）は固有名詞で、数えられません。callは、「訪問する」という意味で使われています。
③のsecretの複数形はsecrets。keep a secret「秘密を守る」。
④のdictionaryとtableの複数形は、dictionariesとtables。
⑤のboxは可算名詞（複数形 boxes）、paperは不可算名詞です。

13 名詞②
——数・量——

① **a glass of milk** （1杯のミルク）
② **a cup of coffee** （1杯のコーヒー）
③ **a sheet of paper** （1枚の紙）
④ **a piece of bread** （1切れのパン）
⑤ **a bowl of rice** （1杯のご飯）

「名詞①」にて、milkやpaperは数えられない名詞だということを学びました。しかし、「1杯のミルク」や「1枚の紙」等、数えられない名詞も上記のような表現を使って数えることができるようになります。

1杯や1切れだけではなく、2杯や3切れと増やしていきましょう。

① **two glasses of milk** （2杯のミルク）
② **six cups of coffee** （6杯のコーヒー）
③ **five sheets of paper** （5枚の紙）
④ **two pieces of bread** （2切れのパン）
⑤ **three bowls of rice** （3杯のご飯）

下線部のように、glassのような単位を表す部分を複数形にすることを忘れないでください。もちろん、milk, coffee等の数えられない名詞は複数形にしません。

次に、「多い」「少ない」などの、数えられる名詞や数えられない名詞につく形容詞の使い方についてみていきましょう。

> 【多い】
> many (「数」を表す) much (「量」を表す)
> a lot of, plenty of (「数・量」両方を表す)
> 【少ない】
> few, a few (「数」を表す)
> little, a little (「量」を表す)
> 【いくらか】
> some, any (「数・量」両方を表す)

fewやlittleについて補足しておきます。
冠詞のaがあるかないかで意味が変わってきます。
例を挙げましょう。

> a few, a little→「少しはある」
> few, little → 「ほとんど~ない」

① **Any day will be fine.**
   (何曜日でも結構です)
② **Do you have any questions?**
   (何かご質問はありませんか)
③ **My uncle gave him a lot of money.**
   (私のおじは彼にたくさんのお金をあげました)
④ **She has a lot of friends.**
   (彼女にはたくさんの友達がいます)
⑤ **I will begin to clean my room in a few minutes.**
   (すぐに部屋の掃除を始めます)
⑥ **Many people died of hunger in Africa.**
   (アフリカでは大勢の人が飢餓で亡くなりました)

①のany、②のanyは、数えられる名詞（day, questions）を修飾しています。
③のa lot ofは、数えられない名詞moneyを修飾しています。④では、数えられる名詞friendを修飾しています。
a lot ofは数えられる名詞も数えられない名詞も修飾することができます。
⑤のa fewは、数えられる名詞について「少しはある」という意味を持っています。a fewの後にはminutes［mìnəts］（数えられる名詞）がきていますね。in a few minutesで「すぐに」という意味です。
⑥のmanyは、数えられる名詞であるpeopleを修飾しています。

minute［mainjú:t］には「微細な」という意味もあります。つづりは同じだが発音が違うことに注意して下さい。
長さを示す英単語について、短い単位からまとめておきます。

① second　秒
　「2」という意味もありますね。
② minute　分
③ hour　時間
　hは発音しません。→ 黙字
④ day　日
⑤ week　週
　weak「弱い」と同じ発音
⑥ month　月
⑦ season　季節
⑧ year　年
⑨ century　世紀

14 代名詞①
——人称代名詞と所有代名詞——

① <u>We</u> live a life of peace.
（私たちは平穏な生活を送っています）
② That is <u>our</u> town.
（あれが私たちの町です）
③ I'd like to speak to <u>him</u>.
（彼と話したいです）

代名詞とは、固有名詞や一般名詞を使わないで、そのものを指す場合に用いる名詞の一種です。例えば、「長嶋さん」を「彼」、「その机」を「それ」という場合です。もしWeという代名詞がなかったら、上の①Weを "My son and my daughter and my wife and I～" などと言うことになるでしょう。
また、<u>主語になる主格</u>、<u>所有を表す所有格</u>、<u>目的語になる目的格</u>のように、働きによって代名詞を使い分けます。
①のWeが主格です。文の主語になっています。
②のour「私たちの」は、意味からわかるように所有格です。
③のhim「彼と」は、目的語になっているので目的格です。
また、"would like to ～" で「～したい」という表現です。Iとwouldを短縮してI'dなので、"I'd like to ～" となっています。

次に、1人称、2人称、3人称に分けて人称代名詞の格をみましょう。1人称とは「わたし、私たち」、2人称は「あなた、あなたたち」、3人称は「彼、彼女、それ、彼ら」です。※参照「3単現」

【人称代名詞】

	単数			複数		
	主格	所有格	目的格	主格	所有格	目的格
1人称	I	my	me	we	our	us
2人称	you	your	you	you	your	you
3人称	he	his	him	they	their	them
	she	her	her			
	it	its	it			

Tomの場合は、Tom、Tom's、Tomと変化しますね。
実際に、代名詞はどのように使われているのでしょうか。

---

① I brought <u>my</u> lunch today.
　（今日はお弁当を持ってきています）
② I forgot to bring <u>my</u> umbrella.
　（傘を持ってくるのを忘れました）
③ Please give this letter to <u>him</u>.
　（この手紙を彼に渡してください）
④ <u>Your</u> dream will come true soon.
　（あなたの夢はすぐに叶うでしょう）
⑤ I got a letter from <u>her</u>.
　（私は彼女から手紙を受け取りました）
⑥ She got angry with <u>me</u>.
　（彼女は私に腹を立てました）
⑦ <u>Our</u> town is planning to build a new gym next year.
　（私たちの街では、来年に新しい体育館を建設する
　　予定です）
⑧ My relatives grow grapes on <u>their</u> farms.
　（私の親戚は農園でブドウを栽培しています）

---

①と②のmyは、どちらもIの所有格です。

③のhimは、Heの目的格です。この文はPleaseから始まっています。命令文Give this letter to him.「この手紙を彼に渡しなさい」という文に、please「どうか〜してください」という意味を加えたものです。pleaseをつけることで、より丁寧になります。

Pleaseは、動詞としては「喜ばせる」という意味です。そしてIf it please you, 〜. で「もし、あなたを喜ばせるなら、〜」が、「もし、喜んでして下さるなら、どうか〜」になり「どうか〜、どうぞ〜」に変化していったのです。その変化のプロセスの中でIfやitやyouが省略されて、pleaseだけが残ることになりました。

④のyourはYouの所有格です。「夢が叶う」という場合、「叶う」→「本当になる」→come trueという表現をします。

⑤の主語はIです。herはSheの目的格でしたね。

⑥のmeは、Iの目的格です。また、[get angry with 〜]で「〜に対して腹を立てる」という熟語です。

⑦のourは、Weの所有格ですね。[be planning to 〜]で「〜することを計画している」という意味です。

⑧のtheirは、Theyの所有格ですね。また、relativeには「親戚」という意味があります。relation「関係」などと、同グループの英単語です。

15 代名詞②
——所有代名詞と再帰代名詞——

① This is <u>mine</u>.
　（これは私のものです）
② I made <u>myself</u> a cup of tea.
　（私は自分で紅茶を1杯いれました）

①のmine「〜のもの」は、所有代名詞です。
②のmyself「私自身」は、再帰代名詞です。

所有代名詞から説明しましょう。
「これは私<u>のもの</u>です」「そのカバンは彼女<u>のもの</u>です」というように、「〜のもの」というのが所有代名詞です。人称代名詞の所有格(his, her等)が「〜の」という意味を表すのに対して、所有代名詞は「〜のもの」というわけです。This is <u>my</u> book.とThis is <u>mine</u>.との違いといえばおわかりになるでしょうか。
所有代名詞を表にまとめました。

【所有代名詞】

	単数	複数
1人称	mine	ours
2人称	yours	yours
3人称	his hers	theirs

① I visited a friend of <u>mine</u> in the hospital.
　（私は入院している友達を訪ねました）
② May I borrow this book of <u>yours</u>?

> （あなたのこの本をお借りしてもよろしいですか）

所有代名詞を使った例を挙げましょう。
①ではIの所有代名詞mineが使われています。「訪れる」という単語としてvisitが使われています。
②では単数のyouの所有代名詞yoursが使われています。May I ～?という文は「～してもよろしいですか」という意味です。

次に、再帰代名詞について説明しましょう。
再帰代名詞は「～自身」と訳し、動作主自身を表す代名詞のことをいいます。
She tried to kill <u>herself</u> last night.
（彼女は昨夜自殺をはかりました）
上の文のように、「彼女が彼女自身を～する」という場合に再帰代名詞が用いられます。
再帰代名詞を表にまとめました。

【再帰代名詞】

	単数	複数
1人称	myself	ourselves
2人称	yourself	yourselves
3人称	himself herself itself	themselves

① She soon adapted <u>herself</u> to the new environment.
（彼女はすぐに新しい環境に順応しました）
② When he awoke, he found <u>himself</u> in the hospital.
（彼は目覚めると、病院にいました）

> ③ She invited <u>herself</u> to our house.
> (彼女は招かれざる客でした)

①について、adaptは動詞「〜に順応する」という意味です。adapt oneself to 〜で「〜に順応する・慣れる」という意味になります。

adopt「採用する」「養子にする」とまちがえないで下さい。

environment = circumstance = surroundingsは、「環境」を示す名詞です。

②ではfind「〜を見つける」が使われています。このfindはfind oneselfという形で「ある場所にある・いる」という意味を持っています。②の文もhe found himselfで「彼はいた」という意味になります。

③inviteは「〜を…に招待する」という意味があります。③の文を直訳すれば「彼女は私たちの家に自分自身を招待しました」となります。つまり、家の人はだれも彼女を招待していないということになりますから、「彼女は招かれざる客でした」という意味になります。

なお、②のhospitalと同じ語源のものをまとめておきます。

> ① host 主人（招待した）
> この単語には「大勢の」という意味があります。
> ② hostess 女主人（招待した）
> ③ hospital 病院
> ④ hospitality 歓待
> ⑤ hotel ホテル
> ⑥ hospice 宿泊所、収容所、末期ガン患者などの収容所
> ⑦ hostel 宿泊所

16 代名詞③
——itの用法——

【itの格変化】

人称代名詞			再帰代名詞
主格	所有格	目的格	—
it	its	it	itself

例を挙げましょう。

① He said he bought a new car, but <u>it</u> was a lie.
   (彼は新車を買ったといいましたが、それはうそでした)
② She dropped the doll and broke <u>its</u> hand.
   (彼女は人形を落としてその人形の手を壊しました)
③ History repeats <u>itself</u>.
   (歴史は繰り返す)→(諺：二度あることは三度ある)

itを使った文は上のように「それ」という意味で用いたりしますが、「それ」といわなくても英語では形式的な主語としてitを用いて表現することがあります。それが、天候や時刻などの表現です。

【形式主語 it】
① <u>It</u>'s twelve o'clock.
   (12時です)
② <u>It</u>'s Wednesday, November 14.
   (11月14日水曜日です)
③ <u>It</u>'s hot in this room.
   (この部屋は暑いです)
④ <u>It</u>'s 50 kilometers from Kobe.

>   (神戸から50キロあります)
> ⑤ <u>It</u>'s been a long time.
>   (久しぶりですね)
> ⑥ <u>It</u>'s fine today.
>   (今日はよい天気です)

①は時刻、②は月日、③は寒暖、④は距離、⑥は天候をあらわしています。⑤の表現は慣用句です。会話などのときに「お久しぶりですね」という場合に用います。この他、明暗などにもitを用います。

itを用いた例文をもう少し紹介しましょう。

> ① <u>It</u> was a terrible flight.
>   (飛行機がゆれて大変でした)
> ② <u>It</u> was busy last month.
>   (先月は忙しい月でした)
> ③ <u>It</u>'s getting colder and colder these days.
>   (このところだんだん寒くなってきましたね)
> ④ <u>It</u> is easy to use.
>   (それは使い方が簡単です)
> ⑤ The audience rose to <u>its</u> feet.
>   (観客は立ち上がりました)
> ⑥ I am happiness <u>itself</u>.
>   (私は幸せそのものです)

①②③の主語Itは、形式主語です。特に意味はありません。また、③のItは、寒暖を表すItです。
①～③に対し、④のItは「それは」という意味を持っています。

17 代名詞④
──不定代名詞──

【不定代名詞】
単数扱い one, each, every, something
複数扱い both, others, ones,
単複両用 some, any, all

不定代名詞とは、文字通り「定まらない」、つまり不特定の人やもの、または数量を指す代名詞のことをいいます。

単数扱いをする不定代名詞の例を挙げましょう。

【単数扱いする不定代名詞】
① My old car looks just as good as Bill's new <u>one</u>.
  (私の古い車もビルの新しい車と同じくらいよく見えます)
② <u>Each</u> of the girls was dressed neatly.
  (どの女の子も小ぎれいな格好をしていました)
③ <u>Every</u> boy here has a girlfriend.
  (ここにいるどの男の子にもガールフレンドがいます)
④ <u>Something</u> is better than nothing.
  (諺:枯れ木も山のにぎわい)

①のoneは、前に出ている名詞carの代わりをしています。単数扱いの不定代名詞は、このように単数の名詞の代わりになります。
②のeachは単数扱いです。neatlyは副詞で「小ぎれいに」
③のeveryは単数扱いです。every boyの代わりをしています。
④のsomething単数扱いです。直訳すると、「何かあるのは何もないよりもましだ」となります。better than ～「～よりいい」

次に、複数扱いをする不定代名詞の例を挙げましょう。

【複数扱いする不定代名詞】
① <u>Both</u> of the girls are my classmates.
（その女の子たちは２人ともわたしの同級生です）
② Some like coffee, <u>others</u> prefer tea.
（コーヒーの好きなひともいれば、紅茶の好きな人もいます）
③ I'd like to borrow some good <u>ones</u> on gardening.
（ガーデニングのよい本をいくつか借りたいのですが）

---

①のboth「両方、２つとも」は、複数扱いをします。
②のothers「残りの人たち」は、複数扱いです。また、preferはlikeと同じ意味で「～が好き」という意味の動詞です。
③ではsome good onesという形になっています。onesの前に複数を表すsomeがありますから、onesは複数です。on gardeningのonは「～について」という意味です。

最後に、単複両用の不定代名詞の例を挙げましょう。

【単複両用の不定代名詞】
① <u>Some</u> of the milk was spilt on the carpet.
（ミルクの一部がじゅうたんにこぼれました）
② <u>Some</u> are, <u>some</u> aren't.（人それぞれです）

---

①のsomeは、milkの「いくらか」を指しています。be動詞がwasなので、このsomeが単数扱いだということが分かります。
②のsomeはどちらも複数扱いですから、be動詞はareになります。

18 冠詞
—— 冠詞は名詞のかんむり ——

【冠詞】
[a]子音の前　a cat（猫), a desk（机) など
[an]母音の前　an apple（リンゴ), an orange（オレンジ) など
[the]両方の前　the earth（地球), the house（家) など

冠詞は、数えられる名詞の単数形の前につけます。不定冠詞aは子音の前、anは母音の前に用います。定冠詞theは母音・子音両方の前に用いますが、発音が変わります。earthのように母音で始まる単語の場合、theを「ジ」と発音します。

a, anからみていきましょう。
a, anで最もよく使われるのが「1つの」という意味でしょう。

① I have <u>a</u> reservation.
（予約してあります）
② She is <u>an</u> exchange student from China.
（彼女は中国からの交換留学生です）
③ Once there lived <u>an</u> old king in England.
（昔、イングランドにある年老いた王様が住んでいました）
④ We have four English classes <u>a</u> week.
（私たちは週に4回英語の授業があります）

和訳には反映していませんが、①のaと②のanは、「1つの〜」という意味で使われています。
③のoldは名詞ではありませんが、前にanがあります。名詞king

の前に母音で始まる形容詞oldがあるので、anになるのです。また、「ある～」という意味で用いられています。
④のaは、「～につき」という意味で用いられています。
単語の説明をしておきます。
①のreservationはbookingと同じ意味です。
②のexchangeはchangeの兄貴分にあたる単語です。

練習問題です。（　）を埋めて下さい。
① Do you have (　) good appetite?（食欲はありますか）
② He has (　) account.（彼は銀行口座を持っています）
③ Does she like (　) dogs?（彼女は犬が好きですか）

<解答>
①a、②an、③冠詞は必要ありません。
① goodが子音で始まる単語なので、aをつけます。
③ dogsが複数なので、冠詞はつけません。

次に、theについて例文を見ながら説明しましょう。

---

① I have a dog. **The** dog is very cute.
（私は犬を飼っています。その犬はとてもかわいいです）
② **The** moon goes round the earth.
（月は地球のまわりをまわっています）
③ She was **the** first foreigner to climb the mountain.
（彼女はその山に登った最初の外国人でした）
④ **The** Thames flows through London.
（テムズ川はロンドンを流れています）
⑤ I get up early in **the** morning.（私は朝早く起きます）
⑥ I am paid by **the** week.（私の給料は週給です）
⑦ By **the** way, do you know my sister is getting married?
（ところで、私の妹が結婚するのを知っていますか）
⑧ Excuse me. I'd like to go to **the** Grand Hotel.

英語「超基本」を一日30分！

> (すみません、グランドホテルに行きたいのですが)

①既出の名詞を繰り返す時のthe。the＝前文のdogを受ける。
②地球や太陽や月など、唯一のものを表す場合のtheです。
唯一のものの場合、ひとつしかないので自動的に特定されるわけで、theがつくのです。theには、特定する働きがあるのです。
③second(2番目),third(3番目)等の序数の前にもつけます。
④固有名詞の前のtheです。
⑤⑥⑦のように、慣用句としてtheを使う場合があります。
また、名詞の前でも冠詞が使われない場合があります。食事やスポーツ名、慣用句の場合です。breakfast, soccer, go to school, by bus等がその例です。by the wayは「ところで」という熟語です。
⑧特定のホテルを指しているので、theがついています。

最後にもう一度、練習問題をしましょう。（ ）を埋めて下さい。
① By （A） way, I want to play （B） baseball.
　（ところで、私は野球をしたい）
② I'm sorry you have （A） wrong number.
　（番号をお間違えです）
③ （A） sun rises in （B） east every morning
　（太陽は毎朝、東から昇ります）

＜解答＞
① Aはthe。Bはスポーツに冠詞は必要ありません。
② Aはthe です。 ③ Aはthe。 Bもthe。

19 形容詞①
——名詞や代名詞を修飾します——

① We are having a <u>special</u> sale on our <u>entire</u> stock.
(ただ今、在庫品すべての特別セールをしています)
② I'd like you to meet a <u>new</u> friend of mine.
(君に私の新しい友人を紹介したいです)
③ She always tries something <u>new</u>.
(彼女はいつもなにか新しいことにチャレンジしています)
④ There is nothing <u>interesting</u> in today's newspaper.
(今日の新聞には面白い記事が全くありません)

<u>下線部</u>が形容詞です。形容詞は、名詞や代名詞を修飾します。名詞の前においで修飾したり、後において修飾します。
①のspecial（特別な）はsaleを、entire（すべての）はstockを修飾しています。
②のnew（新しい）は、friendを修飾しています。
①②の形容詞は名詞の前にありますが、③のnewは名詞somethingの後ろにありますね。something newで「なにか新しいこと（もの）」と訳します。
④のinteresting（面白い）も、名詞nothingの後ろにあります。
③④ように、somethingやnothingのような語尾が[-thing]の単語を形容詞が修飾する場合、「-thing＋形容詞」になります。

形容詞は、大小・材質・新旧・色など様々に名詞を修飾します。
ここにいくつかの人形があるとしましょう。しかし、その人形について説明するためには形容詞をいくつもつけたい。このように形容詞がいくつも必要な場合、どのような順番で配置するのでしょうか。

> There are the <u>ten</u> <u>little</u> <u>pretty</u> <u>red</u> <u>new</u> <u>wooden</u> dolls.
> 　　　　　　 数　 大小　 形状　 色　 新旧　 材質
> （10体の小さく可愛い赤色の新しい木製の人形があります）

数、大小、形状、色、新旧、材質の順に並べましょう。
形容詞を使った例文をみてみましょう。

> ① Do you have <u>new</u> information?
> 　（何か新しい情報はありますか）
> ② The <u>rich</u> man gave him a lot of money.
> 　（そのお金持ちは彼にたくさんのお金を与えました）
> ③ The typhoon's <u>strong</u> winds blew across Okinawa.
> 　（台風による強風が沖縄全土で吹き荒れました）
> ④ Can you help me carry this <u>heavy</u> package?
> 　（この重い包みを運ぶのを手伝ってくれませんか）
> ⑤ I heard the <u>famous</u> violinist at a concert <u>last</u> winter.
> 　（昨年の冬、私はコンサートで有名なバイオリニストの演奏を聴きました）
> ⑥ We usually hold a knife in the <u>right</u> hand and a fork in the <u>left</u> hand.
> 　（たいてい右手にナイフ、左手にフォークを持ちます）
> ⑦ I hope to get a <u>good</u> job in the future.
> 　（将来いい職につきたいなぁ）

①<u>new</u> information「<u>新しい</u>情報」
②The <u>rich</u> man「<u>お金持ちの</u>人」　③<u>strong</u> winds「<u>強い</u>風」
④のCan you ～?という表現は「～してくれませんか」と人に依頼する表現です。<u>heavy</u> package「<u>重い</u>包み」
⑤には2つの形容詞が使われています。the <u>famous</u> violinist「<u>有</u>

<u>名</u>なバイオリニスト」、<u>last</u> winter「昨年の冬」
なお、lastを用いた熟語にはこの他<u>last</u> week「先週」、 <u>last</u> month「先月」などがあります。
⑥the <u>right</u> hand「右手」、the <u>left</u> hand「左手」
また、handを用いた熟語としてon the other hand「他方では」があります。
⑦a <u>good</u> job「よい職」
なお、「悪い」という意味の形容詞はbadです。また、"in the future"は「将来は」という意味です。反対の「過去は」という熟語は"in the past"といいます。

前ページ⑤のlastは超重要単語ですので、あらためて説明します。

---

last
①最後の：形容詞
②持ちこたえる　続く：動詞
③もっとも～ない：形容詞

She is the last person to be late for the meeting.
(彼女は、会議に遅れるような人ではないのです)
もともとlastはlateの最上級です。lateは「遅い」「遅れて」。
late latter lastと活用するのです。

20 形容詞②
——文の補語になる形容詞——

They are gentle.
(彼らは親切です)

文は、主語と動詞だけでも成立しますが、それだけでは意味が不完全な場合があります。補語は、主語と動詞だけでは意味が不完全な場合に、その不完全な部分を補う語です。主語が何であるか、どのような状態にあるのか、を説明します。

be動詞, become, grow, get, look, feel, soundなどの動詞の後に補語を置きます。「〜」の部分に形容詞が入ります。

【形容詞は補語になります】
① be動詞「〜である」
  My grandfather is hale and hearty.
  (祖父はかくしゃくとしています)
② become, grow, get「〜になる」
  She became sick.
  (彼女は病気になりました)
③ look「〜に見える」
  He looks happy.
  (彼は幸せに見える)
④ feel「〜と感じる」
  He felt homesick.
  (彼はホームシックになりました)
⑤ sound「〜と聞こえる」
  That sounds nice.
  (それはいいですね)

主語と補語の関係を明らかにしていきましょう。
① 'My grandfather' = 'hale and hearty'
haleは「かくしゃくとした」という意味で、heartyは「元気な」という意味です。どちらも同じような意味ですね。
② '主語She' = '補語sick'
彼女がどういう状態かをsickが表しています。
③ '主語He' = '補語happy'
④ '主語He' = 'homesick'
日本語として定着している「ホームシック」も形容詞です。
⑤ '主語That' = '補語nice' この文は人に何か誘われたりした時の返事です。

練習問題に挑戦しましょう。次の文の補語を指摘してください。
① The weather suddenly turned warm and cloudy.
　　(天候が急に暖かくなり、曇ってきました)
② She became much more beautiful.
　　(彼女は一段ときれいになりました)
③ A good medicine tastes bitter.
　　(諺：良薬は口に苦し)

<解答>
①warm, cloudy
turnは「～になる」という意味で、～の部分に補語となる形容詞をとります。warm 形容詞「暖かい」、cloudy 形容詞「曇った」
②beautiful
動詞にbecameが使われています。これは「～になる」という意味ですね。形容詞にはbeautifulがきています。この形容詞をより強調するためにbeautifulの前にmuch moreをつけています。この文ではShe＝beautifulという関係になっています。
③bitter
tasteは「～の味がする」という意味を持ち、補語をとる動詞です。bitterは形容詞「苦い」という意味です。この文ではA good medicine＝bitterという関係が成り立ちます。

21 形容詞③
——基数と序数——

【基数】 1つ、2つ、3つ…
　　　　one, two, three…
【序数】 1番目、2番目、3番目…
　　　　first, second, third…

「基数と序数！ 数学の勉強がはじまるの?」と思われた方もいらっしゃるかもしれませんが、心配ご無用。覚えてしまえばカンタン！
基数は、one two three…です。何も覚えることはありません。
序数は、だいたいは語尾に-th(ス)をつけますが、そうでないものもあります。下の黒板を見て下さい。

【1から10までの序数】	
1番目 1st first	6番目 6th sixth
2番目 2nd second	7番目 7th seventh
3番目 3rd third	8番目 8th eighth
4番目 4th fourth	9番目 9th ninth
5番目 5th fifth	10番目 10th tenth

1から5に注目して下さい。
4と5は語尾が-thになっていますが、1、2、3はそうではありません。また、5も fiveth ［ファイブス］ではなく、fifth ［フィフス］になっています。
6から10に注目して下さい。
6、7、10は語尾に-thをつけただけで、問題はなさそうです。8と9も-thが語尾についていますが、注意が必要です。8は、eighthth ではなく eighth ［エイトス］です。9は、nineth ではありません。ninth ［ナインス］です。

これらのことは、数が大きくなっても同様です。例を挙げます。

21番目	21st	twenty-first	61番目	61st	sixty-first
52番目	52nd	fifty-second	92番目	92nd	ninety-second
43番目	43rd	forty-third	73番目	73rd	seventy-third
84番目	84th	eighty-fourth	24番目	24th	twenty-fourth
35番目	35th	thirty-fifth	85番目	85th	eighty-fifth
26番目	26th	twenty-sixth	46番目	46th	forty-sixth
57番目	57th	fifty-seventh	97番目	97th	ninety-seventh
38番目	38th	thirty-eighth	68番目	68th	sixty-eighth
59番目	59th	fifty-ninth	89番目	89th	eighty-ninth
40番目	40th	for_ti_eth	70番目	70th	seven_ti_eth

また、10以降の20, 30, 40...は、下線部に気をつけて下さい。
ただし、11、12、13に関しては、次の通り特別です。
注意を要する序数をまとめました。

1番目	first	11番目	eleventh
2番目	second	12番目	twelfth
3番目	third	13番目	thirteenth
5番目	fifth	20番目	twentieth
8番目	eighth	23番目	twenty-third
9番目	ninth	100番目	hundredth
		111番目	one hundred and eleventh

基数と序数を使った例文です。

① The set price for all lunches is <u>seven hundred</u> yen.
（ランチはみんな700円です）
② The store has an atmosphere of the <u>nineteen sixties</u>.
（60年代の雰囲気があるお店です）

> ③ Leap year comes every <u>four</u> years.
> (閏年は4年に1度です)
> ④ The second and the <u>fourth</u> Saturday is a holiday every month.
> (毎月第2、第4土曜日は休みです)
> ⑤ Our school celebrates its <u>fiftieth</u> anniversary this year.
> (うちの学校は今年で創立50周年です)
> ⑥ This is our <u>first</u> time to export.
> (輸出は初めてです)

①のseven hundred「700」は基数です。set priceは「定価」です。
②nineteen sixties「60年代」は、1960'sでもOKです。
③「閏年(ウルウドシ)」= leap year
④序数は「〜番目の」と訳し、このような表現にも用います。
⑤fiftieth「50回目の」
⑥the first time「1番目の回」→「はじめての」

22 副詞①
──副詞は副える詞──

① Speak. (話せ)
② Speak clearly. (はっきり話して)

②の副詞clearlyは、動詞speakを修飾しています。このような語が副詞です。なお、①②は命令文ですね。
副詞は、動詞・形容詞・副詞・文全体を修飾します。
様態・頻度・程度・場所・時などの表現ができます。

例を挙げましょう。

①He rarely goes to the movies.
(彼はめったに映画に行きません)
②She is wise enough not to do such a thing.
(彼女にはそんなことをしないだけの分別があります)
③Strangely, I seldom see her.
(不思議なことに、私はめったに彼女に会いません)

①のrarelyは頻度を表す副詞です。一般動詞の前につきます。
②は形容詞(副詞)+enough+to不定詞の形をとっています。
enoughは形容詞や副詞の後につけます。
③のStrangelyは文全体を修飾する副詞です。文頭に置きます。

練習問題です。次の文の副詞を指摘してください。
① Walk more slowly. (もっとゆっくり歩きなさい)
② He will start tomorrow. (彼は明日出発するでしょう)
③ This question is too difficult for me.

(この問題は私には難しすぎます)

<解答>
① slowly 様態を表す副詞です。動詞や目的語の後につきます。
② tomorrow 時を表す副詞です。文頭か文尾につきます。
③ too [too＋形容詞(副詞)]の表現。形容詞や副詞の前に配置。
副詞のつく場所にはいくつかの決まりがあります。

> 【副詞の位置】
> 様態を表す副詞……動詞や目的語の後
> 頻度を表す副詞……一般動詞の前、be動詞の後
> 時を表す副詞……文頭か文尾
> 形容詞（副詞）＋enough＋to不定詞
> too＋形容詞（副詞）
> 文全体を修飾する副詞……文頭

下の例文をみながら、副詞の意味と位置を確認してみましょう。

① Jane is out of the office, but she will be back <u>soon</u>.
（ジェーンは今席を外していますが、すぐに戻ります）
② <u>Finally</u> I will have a three-day holiday.
（久しぶりの３連休になります）
③ We are <u>relatively</u> new in this field.
（うちは業界では比較的新しい会社です）
④ I'll call you <u>later</u>.
（後で電話します）
⑤ I <u>always</u> choose this TV program after dinner.
（私は夕食後はいつもこのテレビ番組を見ます）
⑥ This melon is big <u>enough to</u> share among the four of us.
（このメロンは私たち４人で食べるのに十分な大きさです）

①のsoon「すぐに」は、時を表す副詞。文末にきています。
②のfinally「ついに」は、文全体を修飾しています。「ついに」→「やっと」→「久しぶりに」ということでfinallyを「久しぶりに」と訳しています。three-dayはholidayという名詞を修飾していますので、複数のsはつけません。
③は「比較的に」というrelativelyが使われています。一般動詞の文では動詞の前に副詞を置くことが多いですが、be動詞の文ではbe動詞の後に副詞を置きます。
④のlater「後で」は、時を表わす副詞。
⑤のalwaysは「頻度」を表す副詞。一般動詞が使われていますから、その動詞の前に置かれています。
⑥のenough to ～は「～するのに十分な」という意味です。

④のlaterについて、あらためて説明しておきます。60頁でlate latter lastという活用を説明しました。laterはlate later latestの方の活用なのです。前者は順番を示し、後者は時間を表します。まとめておきましょう。

> ①lateの活用
>   順番の遅さを表現する
>   last batter 「最後のバッター」
> ②late later latest
>   時間の遅さを表現
>   See you later.
>   （後ほど、お会いしましょう）

23 副詞②
―― 副詞の働きをする連語 ――

① We finally got to the station.
　（私たちはとうとう駅に着いた）
② He always do his best.
　（彼はいつも最善を尽くす）

finallyやalwaysのように、1語で副詞の働きをする単語もありますが、時や場所などを表す連語というものがあります。
「連語」とは、2語かそれ以上の語がひとかたまりで一つの意味を表します。
例文です。

---

① They went there <u>at once</u>.
　（彼らは<u>すぐに</u>そこに行きました）
② <u>At first</u> he was not afraid.
　（<u>最初</u>は彼は怖くありませんでした）
③ Is Mr. Smith <u>at home</u>?
　（スミスさんはご<u>在宅</u>ですか）
④ Some students go home <u>by bus</u>.
　（<u>バスで</u>帰宅する学生もいます）

---

①②は「時」を表す連語です。
at once「すぐに」　at first「最初は」
③at home「在宅して」
④by bus「バスで」は、「手段」を表す連語です。

連語は、文や会話でよく使われます。使用頻度の高い連語を中心

に例を挙げましょう。

【時を表す連語】
① He got to the top <u>at last</u>.
（彼は<u>ついに</u>頂上に着きました）
② I work <u>at night</u>.（私は<u>夜</u>に働いています）
③ I played tennis <u>after school</u>.
（私は<u>放課後</u>にテニスをしました）
④ They were silent <u>for a while</u>.
（彼らは<u>しばらく</u>だまっていました）
⑤ He will be there <u>in a few days</u>.
（<u>数日のうちに</u>彼はそこへ行くでしょう）
⑥ There were no railroads <u>at that time</u> in Japan.
（<u>その当時</u>日本には鉄道はありませんでした）

他にも、時を表す連語がたくさんあります。
at any time「いつでも」　　before long「まもなく」
in those days「当時は」　　for a long time「長い間」
all day「1日中」　　　　　 some day「いつか」
from time to time「ときどき」

「場所」や「手段」などを表す連語の例文です。

【場所・手段を表す連語】
① He goes to school <u>on foot</u>.
（彼は<u>歩いて</u>学校に行きます）
② The book is written <u>in French</u>.
（その本は<u>フランス語で</u>書かれています）
③ Japan is full of beautiful cities. <u>For example</u>, Kyoto and Nara.

70

> (日本には多くの美しい都市があります。例えば京都とか奈良です)
> ④ Can you help me? / Yes, <u>of course</u>.
> (手伝ってくれますか。/ ええ、<u>もちろん</u>)
> ⑤ India is well <u>on the way</u> to industrialization.
> (インドは工業化が<u>発展途上の</u>国です)

for example = for instance
次の単語はまとめて覚えて下さい。

> industry 勤勉、産業
> industrial 産業の
> industrious 勤勉な
> industrialization 産業化

もう少し、場所・手段を表す連語を紹介しましょう。
at least「少なくとも」　　a lot「大いに」
this way「このように」　　not～at all「全く～しない」
on one's way to～「～に行く途中で」　　well on the way「発展途上にある」
no longer「もはや～でない」
on one's way from～「～から帰る途中で」

24 疑問詞①
―― what, who, which ――

What is your name? / My name is Alice.
(あなたの名前は何ですか / 私の名前はアリスです)

疑問詞には、what, who, which, when, where, why, howなどがありますが、どれもYes, Noで答えられない疑問文を作ります。
このページでは、what, who, whichの3つの疑問詞を説明します。

疑問詞〜?	Which + 名詞〜?
What〜?「何が、何を」	What + 名詞〜?「何の〜」
Who〜?「だれ、だれを」	―
Which〜?「どちらが」	Which + 名詞〜? 「どの、どちらの〜」

このように、[疑問詞〜?]と[疑問詞+名詞〜?]の形では、訳し方が変わってきます。

【What〜?とWhat+名詞〜?】
① **What** is your schedule today?
(今日のあなたの予定はなんですか)
② **What time** shall we meet tomorrow morning?
(明朝何時にお目にかかれますか)
③ **What year** is it now?
(今年は何年ですか)
④ **What day** of the week is today?
(今日は何曜日ですか)
⑤ **What** can I do for you?

（ご用件をどうぞ）
⑥ **What** brought you here?
　　（どんな用事で来たのですか）

①疑問詞Whatは「何を、何が」と訳しますね。
②③④は、"What time〜?" "What year〜?" "What day〜?"のように、[What＋名詞〜?]の形になっています。「何時」「何年」「何日」と訳します。
⑤What can I do for you?を直訳すると、「あなたのために私に何ができますか」です。この文は慣用句として使われていて、「ご用件をどうぞ」という意味になります。
⑥直訳すると「何があなたをここに連れてきたのですか」となります。

【Who〜?】
① **Who** is Mr. White?
　　（ホワイトさんはどの方ですか）
② **Who** is making that noise?
　　（誰があの物音をたてているのですか）

上のwhoは、2つとも文の主語になっています。

【Which〜?とWhich＋名詞〜?】
① **Which** do you like best?
　　（どれが一番好きですか）
② **Which company** do you work for?
　　（どちらの会社にお勤めですか）
③ **Which side** won?
　　（どちらが勝ったのですか）

②③は、Which company〜?、Which side〜?のように、[Which＋名詞〜?]の形になっていてそれぞれ「どちらの会社」「どちら側が」と訳します。

25 疑問詞②
——when, where, why——

① <u>When</u> is your birthday?
　（あなたのお誕生日は<u>いつ</u>ですか）
② <u>Where</u> are we supposed to meet?
　（集合場所は<u>どこ</u>ですか）
③ <u>Why</u> do you say that?
　（<u>なぜ</u>そんなことを言うんだい）

whenは「時」を、whereは「場所」を、whyは「理由・目的」をたずねています。
これらもwhat, who, which同様、Yes, Noで答えられません。
例えば、③Why～?は「理由・目的」をたずねています。ですから、「～だから」（理由）、「～のため」（目的）と答えます。理由を答える場合にはBecause ～.を用い、目的を答える場合にはTo ～.を用います。
②のbe supposed toは「～することになっている」の意味です。

これらの疑問詞を用いた例文を順に見ていきましょう。
疑問詞whenを用いた例文です。

【when】
① <u>When</u> will Flight 520 take off?
　（520便はいつ出発するのでしょうか）
② <u>When</u> did you come to Japan?
　（いつ日本へお着きになられましたか）
③ <u>When</u> does the accounting period begin and end?
　（会社の決算期はいつですか）
④ <u>When</u> will he go to the station?

（彼はいつ駅に行くのですか）

①のFlight 520は、「520便」です。飛行機の便です。
③では、いつが期首でいつが期末かということをきいています。それをまとめて「決算期はいつですか」と訳しています。

疑問詞whereを用いた例文です。

【where】
① <u>Where</u> are you from?
　（お国はどこですか）
② <u>Where</u> is the closest Chinese restaurant?
　（ここから1番近い中華料理店はどこですか）
③ <u>Where</u> can I wash my hands?
　（お手洗いはどこですか）
④ <u>Where</u> were you shooting the breeze?
　（どこで油を売ってたんだ）
⑤ <u>Where</u> would you like to go?
　（どこに行きたいですか）
⑥ <u>Where</u> are you going?
　（どこに行くのですか）

③は、お手洗いの場所をたずねています。この文のように、お手洗いを直接的にtoiletということはあまりありません。toiletの代わりにbathroomやrestroomを使います。
⑤ではwould like to ～という熟語が使われています。これは「～したい」という意味です。

疑問詞whyを用いた例文です。

【why】
① <u>Why</u> are you busy?
 (なぜあなたは忙しいのですか)
② <u>Why don't we</u> eat out tonight?
 (今夜は外食しましょうよ)
③ <u>Why don't we</u> have a party at my house?
 (私の家でパーティーしようよ)

①のwhyは「なぜ〜」の意味です。これに対し、"Why don't we 〜" は、「〜しませんか」という意味です。提案した方も相手も含めて「〜しましょう」と誘う場合に用います。
"Let's"で書きかえられます。②と③を、書きかえてみましょう。
② Let's eat out tonight.
③ Let's have a party at my house.

26 疑問詞③
——how——

① <u>How</u> do you come to the office?
(会社に来るときは、どのように来るのですか)
② <u>How much</u> is one thousand dollars in Japanese currency?
(日本円で1,000ドルはいくらですか)
③ <u>How old</u> are you?
(おいくつですか)
④ <u>How</u> was the meeting yesterday?
(昨日の会議はどうでしたか)

How ～?を用いた疑問文は、意味上、いくつかのパターンに分けられます。数ある疑問詞の中で、最も多様な答え方をしなければならない疑問詞でしょう。
①は、「どのような方法で来るのか」と「方法」をたずねています。
②③は、Howの後に副詞muchや形容詞oldがあり、それぞれ「いくらですか」「(年齢は)いくつですか」とたずねています。
④は、「会議はどうでしたか」というように「状態」をたずねています。
howは次のようなものをたずねることができます。
【howを用いた疑問文】
「方法」をたずねる
「程度」をたずねる→年齢・身長・数・距離・回数 など
「状態」をたずねる

また、「程度」をたずねる場合、howの後に形容詞がくる場合と副詞がくる場合があります。
例を挙げましょう。

> 【程度をたずねるhow】
> ① <u>How much</u> is this car for a day?
>   (このレンタカーは1日いくらですか)
> ② <u>How long</u> do we have to wait?
>   (あとどれくらい待ちますか)
> ③ <u>How far</u> is it from here?
>   (ここからどのくらいですか)

① "How much 〜?" = "How + 副詞〜?"　　金額
② "How long 〜?" = "How + 形容詞〜?"　　期間
③ "How far 〜?" = "How + 形容詞〜?"　　距離

この他、How many 〜?で「数」、How often 〜?で「回数」をたずねることができます。

howは、あいさつの会話文にもよく用いられます。
例文です。

これらの例文は、使用頻度の高いものばかりです。機会があれば、実際に使ってみましょう。

> ① <u>How</u> about tomorrow?
>   (明日のご都合はいかがですか)
> ② <u>How</u> do you do?
>   (はじめまして)
> ③ <u>How</u> is your family?
>   (ご家族はお元気ですか)
> ④ By the way, <u>how</u> is your condition?
>   (ところで、身体の調子はどうですか)
> ⑤ <u>How</u> about going to see a movie?
>   (映画に行きませんか)

27 5文型①
―― SV, SVC ――

S(主語)　：「～は、～が」にあたる部分、動作の主体
V(動詞)　：「～する」にあたる部分
O(目的語)：「～を、～に」にあたる部分
C(補語)　： 主語や目的語の状態を説明する語

英語の文は、上記の4つの構成要素からできています。
これ以外の部分は修飾語です。

英語の文は、次の5つの文型に分けられます。

【5文型】
第1文型 SV　：主語+動詞
第2文型 SVC：主語+動詞+補語
第3文型 SVO：主語+動詞+目的語
第4文型 SVOO：主語+動詞+目的語+目的語
第5文型 SVOC：主語+動詞+目的語+補語

このページでは、第1文型と第2文型について説明します。

【第1文型】
① I went for a walk with him.
　S　V
　(私は彼と散歩に行きました)
② He works for a newspaper.
　S　V
　(彼は新聞社に勤めています)

①は、wentの後にfor a walk with himときていますが、これは修飾語なのです。go for a walk「散歩に行く」
②も同様です。for a newspaperは修飾語です。
go, work, walk, sleepなどの動詞は目的語や補語をとりません。これらの動詞を「自動詞」といいます。反対に、目的語や補語をとる動詞を「他動詞」といいます。
<u>第1文型の動詞は、目的語や補語をとらない＝自動詞です。</u>

【第2文型】
① <u>I</u> <u>don't feel</u> <u>hungry</u>.
　S　　V　　　C
　（私はおなかがすいていません）
② <u>She</u> <u>will become</u> <u>a good wife</u>.
　S　　　V　　　　C
　（彼女はいい奥さんになるでしょう）

このように、形容詞や名詞が補語になります。補語は、動詞の後ろに配置されます。また、[主語S＝補語C]の関係にあります。
①[主語I＝補語hungry]
②[主語She＝補語a good wife]

---

① <u>The sale target</u> for this year <u>is</u> <u>three hundredmillion</u> yen.
　　　S　　　　　　　　　　　V　　　　C
　（今年の売上目標は3億円です）
② Last year <u>our parent company's sales</u> <u>were</u>
　　　　　　　　　　S　　　　　　　　　　V
　<u>twenty billion</u> yen.
　　　C
　（当社の親会社の昨年の売上は200億円でした）
③ <u>This company</u> <u>started</u> one year ago.
　　　S　　　　　　V

（この会社は1年前に始業しました）

①では、The sale target「売上目標」＝three hundred million yen「3億円」で主語と補語が一致していますね。②も同様に主語と補語が一致しています。
③one year agoは副詞ですので修飾語です。

28 5文型②
―― SVO, SVOO ――

【第3文型】
① <u>My bicycle</u> <u>has</u> <u>a puncture</u>.
　　　S　　　　V　　　O
（私の自転車がパンクしました）

② <u>I</u> <u>have</u> <u>a reservation</u> for Nagashima.
　S　V　　　　O
（「長嶋」で予約しています）

③ <u>We</u> <u>visited</u> <u>some national parks</u>.
　　S　　V　　　　　O
（私たちはいくつかの国立公園に行きました）

第3文型SVOと第4文型SVOOについて説明します。
Oが目的語です。目的語には、名詞・代名詞・句・節などがきます。
①は、a punctureが目的語です。
②は、a reservationが目的語です。この表現はレストランやホテルなどで予約している場合に使える表現です。
③は、some national parksが目的語です。
第3文型の動詞は、後に目的語が必要な「他動詞」です。

【第4文型】
① <u>I</u> <u>gave</u> <u>my daughter</u> <u>a pair of gold earrings</u>.
　S　V　　　O　　　　　　　O
（私は娘に金のイヤリングをあげました）

② <u>Could</u> <u>you</u> <u>bring</u> <u>me</u> <u>one more bath towel</u>?
　　　　　S　　V　　O　　　　　O
（バスタオルをもう1枚持ってきてください）

> ③ Will <u>you</u> <u>tell</u> <u>me</u> <u>the way</u> to the station?
>   S   V   O   O
> (駅までの道を教えていただけませんか)

①は、my daughterとa pair of gold earringsが目的語です。
②は、meとone more bath towelが目的語です。
③は、meとthe wayが目的語です。
このように、<u>第4文型には、動詞の後に目的語が2つあります</u>。ただ、目的語には順番があります。
<u>主語+動詞の後には、「～に」+「～を」という順番で目的語を</u>もってきてください。これが反対になると第4文型にはなりません。
また、「～に」には「人」を表す名詞や代名詞が配置されることが多く、「～を」には名詞がはいることが多いです。

練習問題です。次の文の文型を指摘して下さい。
① I sent my mother a bunch of roses for Mother's Day.
   (母の日に母にバラの花束を送りました)
② We have thirty employees in our company.
   (社員は30人です)
③ My relatives grow apples on their farms.
   (私の親戚は農園でリンゴを栽培しています)

<解答>
①第4文型
不規則動詞sendには「～に…を送る」という意味があります。
また、a bunch of ～で「1束の～」という意味です。
<u>I</u> <u>sent</u> <u>my mother</u> <u>a bunch of roses</u> for Mother's Day.
S   V   O   O
②第3文型
haveは、「～がいる」という意味で使われています。

We have thirty employees in our company.
 S   V   O

③第3文型

growは「～を育てる、栽培する」という意味です。また、relativeには「親戚」という意味があります。

My relatives grow apples on their farm.
     S   V   O

②のemployeeという単語のグループも、とても大切です。まず、この単語のアクセントは語尾のeeに有ります。eeのようにeが並ぶと、必ずそこにアクセントがあります。between、thirteenなど…。

では、まとめます。

① employ   動詞　雇う
② employer   名詞　雇う人、経営者、雇用主
③ employee   名詞　雇われている人、労働者
④ employment 名詞　雇用
⑤ unemployment 名詞　失業

29 5文型③
——SVOC——

① <u>My parents</u> <u>called</u> <u>me</u> <u>William</u> after my grandfather.
    S   V   O   C

（私の両親は、祖父にちなんで私をウィリアムと名づけました）

② <u>The event</u> <u>made</u> <u>him</u> <u>a hero</u>.
    S   V   O   C

（その事件で彼は英雄になりました）

③ <u>The mayor</u> <u>named</u> <u>him</u> <u>Police Chief</u>.
    S   V   O   C

（市長は彼を警察本部長に任命しました）

第5文型SVOCについて説明します。
第5文型の文は、動詞の後に目的語と補語がきます。
補語は、目的語の状態を説明します。
よって、<u>第5文型では、目的語＝補語の関係が成り立ちます</u>。

①[me＝William]
meが目的語で、Williamが補語です。meがだれかということを、補語Williamが説明しています。

②[him＝a hero]
himが目的語で、a heroが補語です。直訳すれば「その事件が彼を英雄にした」となります。

③[him＝Police Chief]
himが目的語で、Police Chiefが補語です。
例文です。

【第5文型】
① <u>You</u> must always <u>keep</u> <u>your room</u> <u>clean</u>.
   S   V   O   C

>　　（部屋はいつもきれいにしておきなさいよ）
> ② <u>This music</u> <u>makes</u> <u>me</u> <u>happy</u>.
> 　　　S　　　　V　　O　　C
>　　（この音楽は私を幸せな気分にしてくれます）
> ③ <u>You</u> <u>will find</u> <u>the novel</u> <u>interesting</u>.
> 　　S　　　V　　　　O　　　　C
>　　（あなたはその小説がおもしろいとわかるでしょう）
> ④ <u>My father</u> <u>kept</u> <u>me</u> <u>talking</u>.
> 　　　S　　　　V　　O　　C
>　　（父は私に話を続けさせました）

① "your room = clean"
keep your room cleanで「あなたの部屋をきれいな状態にしておく」という意味になります。第5文型の特徴は、目的語と補語がイコールの関係にあることでしたね。

② "me = happy"
動詞makeには、「〜を…の状態にする」という意味があります。make me happyで、「私を幸せな状態にする」という意味になります。

③ "the novel = interesting"
動詞findは、「〜が…だとわかる」という意味を持っています。ですから、find the novel interestingで「その小説がおもしろいとわかる」という意味になります。

④ "me = talking"
keep O Cの形で、「〜を…の状態にしておく」という意味があります。ですから、「私を話をしている状態にしておく」つまり「話を続けさせる」という意味になるわけです。

30 命令文
―― 「～しなさい」「～してはならない」 ――

① <u>Speak</u> more slowly.
　（もう少しゆっくり話しなさい）
② <u>Be</u> kind to people.
　（人に親切にしなさい）
③ <u>Don't tell</u> a lie.
　（うそをついてはなりません）
④ <u>Don't count</u> your chickens before they are hatched.
　（諺：捕らぬ狸の皮算用）
⑤ <u>Please</u> extend my check out time about an hour.
　（チェックアウトの時間を1時間延長してください）
⑥ Send for a doctor, <u>please</u>.
　（医者を呼んでください）

「～しなさい」の命令文は、①②のように、動詞の原形で始めます。
「～してはならない」という禁止の命令文は、③④のように、Don't＋動詞の原形で始めます。
また、「どうぞ～してください」と丁寧にお願いする場合、⑤⑥のように、文頭か文末にpleaseをつけます。
なお、④を直訳すると、「卵が孵化する前に鳥の数を数えてはいけません」です。
⑥send for ～は、「～を呼びに人を派遣する」という熟語です。

「～しましょう」と誘う文も命令文です。

① <u>Let's</u> play some games.
　（何かゲームをしましょう）

② <u>Shall we</u> take a walk?
(散歩にいきましょうか)

"Let's 〜." と "Shall we 〜?" は、ほぼ同じ意味です。
「〜しましょう」と誘う表現ができます。
命令文の例を挙げましょう。

① <u>Don't forget</u> to fill in the schedule board before you leave.
(出かける前に必ず、予定表に記入しなさい)
② <u>Please</u> complete settlement of transportation expenses quickly.
(交通費の精算を早くしてください)
③ Jane, <u>let's</u> go for lunch.
(ジェーン、お昼を食べに行きませんか)
④ <u>Don't forget</u> to attach the receipt for entertainment.
(接待の時には必ず受取書を付け忘れないように)
⑤ <u>Please</u> staple these documents together.
(これらの書類をホッチキスでとめておいてください)
⑥ <u>Make</u> three sets of this report, and please give one to the general manager and to the manager.
(このレポートを3セット作って、部長と課長に1部ずつ渡してください)
⑦ <u>Please</u> take a rest today.
(今日はゆっくりお休みください)
⑧ <u>Have</u> a nice trip!
(よいご旅行を)

①fill in 〜「〜に必要事項を記入する」

命令文は口調がきつくなってしまうので、やわらかくするためにはpleaseを文頭や文尾につけましょう。添えるか添えないかで文の印象ががらっと変わるでしょう。

練習問題です。( )に適当な語を入れて下さい。
① Now, where ( ) we go for lunch?
　（さて、今日はどこにお昼を食べにいきましょうか）
② ( ) make ten copies of this on A4.
　（これをA4で10枚コピーしてください）
③ ( ) go to the airport early.
　（早めに空港に行きましょう）
④ ( ) be noisy.
　（うるさくするな）
⑤ ( ) ( ) play tennis.
　（テニスをしましょう）
⑥ ( ) take care of ( ).
　（お大事にどうぞ）
⑦ ( ) yourself at home.
　（おくつろぎください）

<解答>
①shall ②Please ③Let's ④Don't ⑤Let usまたはShall we…? ⑥Please, yourself ⑦Make
⑥と⑦は有名な決まり文句です。ぜひ覚えて下さい。

31 感嘆文
──「なんと～なのだろう」──

① <u>What</u> a tall boy he is!
   (なんと背の高い少年なのだろう)
② <u>How</u> happy I am!
   (私はなんて幸福なのだろう)

驚きや感嘆を表現する文が感嘆文です。
感嘆文は、①のようなWhatから始まる文と、②のようにHowから始まる文があります。

【感嘆文の2つのパターン】
①のパターン
　What＋a(an)＋形容詞＋名詞＋主語＋動詞！
　「なんと…な～なのだろう」
②のパターン
　How＋形容詞（副詞）＋主語＋動詞！
　「なんと～だろう」

Whatから始まる文はWhatの後に形容詞＋名詞の形がくるのに対し、Howから始まる文はHowの後に形容詞か副詞がきます。名詞はきません。

例文を紹介しましょう。

① <u>What a</u> coincidence!
   (偶然の一致ですね)
② <u>How</u> disappointing!
   (ああ、がっかりだ)

③ <u>What</u> sharp ears she has!
(彼女はなんて地獄耳をしているんだ)
④ <u>What a</u> nerve!
(よくそんなことが言えるね)
⑤ <u>What a</u> surprise!
(珍しいですね)
⑥ <u>What a</u> wonderful opportunity for you!
(よかったわね)
⑦ <u>How</u> wonderful!
(すばらしいわ)

例文を見て下さい。感嘆文はほとんどの場合、What a 形容詞！、How 形容詞！のように、主語＋動詞の部分が省略されます。
①coincidence名詞「偶然の一致」
②disappointing形容詞「がっかりさせる・期待はずれの」
③Whatを用いた感嘆文はWhat＋a＋形容詞＋名詞＋主語＋動詞！だと説明しました。この文が成り立つのは名詞が単数形の場合です。③のように名詞earsが複数形の場合、Whatの後にaはつけません。また、直訳したら「なんて彼女は鋭い耳を持っているんだ！」になりますが、「彼女は地獄耳だ！」と訳すほうが自然でしょう。
④のnerveとは名詞「神経」のことです。「なんて神経なんだ」→「よくそんなことが言えるね」となります。
⑤surprise 名詞「驚き」
⑥を直訳すると「あなたにとってすばらしいチャンスね」→「よかったわね」と訳しています。

32 不定詞①
——3つの用法——

【名詞的用法「～すること」】
① We want <u>to have</u> a table near the window.
（窓際の席をおねがいします）

【形容詞的用法「～するための」】
② I want to something <u>to eat</u>.
（何か食べるものがほしいです）

【副詞的用法「～するために」】
③ My mother uses hot water <u>to wash</u> very dirty clothes or dishes.
（母はひどく汚れた服やお皿を洗うのにお湯を使います）

不定詞は、動詞の性質を残しつつ、名詞・形容詞・副詞の性質を持つようになったものです。それぞれ、名詞的・形容詞的・副詞的用法といいます。
<u>不定詞は、「to＋動詞の原形」</u>からできています。
①のwant to haveは、「持つことを欲する」という意味で「持ちたい」という意味になり、名詞的用法です。
この文は、レストランなどでどんな席がいいかを注文する際に使える表現ですね。その他、列車、飛行機などでもa tableをa seatとすることで使うことができるでしょう。
②のsomething to eatは、「何か食べるためのもの」、つまり「食べ物」というわけで、形容詞的用法です。
形容詞的用法の不定詞は、形容詞と同様に、名詞や代名詞を修飾します。
③のuses hot water to washは、「～を洗うためにお湯を使う」という意味です、副詞的用法です。

①②③、いずれも「to + 動詞の原形」になっていますね。

例文です。
どの文がどの用法を用いたものか考えながら見てください。

> ① I'm glad <u>to see</u> you again.
>   (あなたにまた会えてうれしいです)
> ② I'm here <u>to meet</u> you.
>   (お迎えにあがりました)
> ③ I'm going to go to Fukuoka next month <u>to study</u> for three months.
>   (来月から3ヶ月間、研修で福岡に行きます)
> ④ I go <u>to work</u> this weekend.
>   (今週末は出勤します)
> ⑤ I'm not in a position <u>to answer</u> that.
>   (私はその事にお答えする立場にありません)
> ⑥ When shall I come <u>to see</u> you next time?
>   (今度はいつ伺えばよろしいでしょうか)
> ⑦ I'm sorry <u>to make</u> you wait.
>   (お待たせしてすみません)
> ⑧ I hate <u>to tell</u> you, but he is nasty.
>   (こんなことをいうのはいやなのですが、彼は意地悪です)
> ⑨ I just wanted <u>to tell</u> you that your speech was wonderful.
>   (あなたのスピーチがすばらしかったと言いたかっただけです)

①は、[be動詞 + 感情を表す形容詞 + to〜]の形になっています。
「〜して…だ」と訳します。be glad to see「会えてうれしい」
②は、だれかを迎えに行ったときに使う慣用表現です。

③は、「勉強のため」という意味から副詞的用法です。
④も、「仕事をするため」という副詞的用法です。
⑤は、不定詞の前にa positionという名詞があります。この名詞を修飾する形容詞的用法の不定詞です。
⑥は、相手にアポイントをとる場合に使う表現です。「会うために伺う」ので、副詞的用法ですね。shall I go…と言ってはいけません。
⑦は、待ち合わせをしていて遅れた場合に使う表現です。
⑧のI hate to tell you は慣用表現です。「言いたくはないのですが」と前置きの表現です。
⑨は、I want to tell youという形から「あなたに言うことをしたい」→「あなたに言いたい」となり、名詞的用法ですね。

会話に使える表現を並べておきましょう。
① I have something <u>to tell</u> you.
　　（あなたに言いたいことがある）
　形容詞的用法somethingにかかる。
② <u>To do</u> him justice, he is wise.
　　（彼のことを公平にみると、彼は賢いよ）
　To do人間　justiceで「ある人間を公平にみる」という決まり文句。
③ <u>To tell the truth</u>, I don't like her.
　　（本当のことを言うと、私は彼女が好きではない）
　To tell the truthで「本当を言うと」という決まり文句。
④ <u>To be frank with you</u>, I don't work now.
　　（率直に言って、私は、今、働きたくない）
　To be frank with youで「率直に言って」。

33 不定詞②
―― 疑問詞＋to ――

【how to ～「～のしかた」】
① My grandfather doesn't know <u>how to</u> use a computer.
（私の祖父はコンピューターの使い方を知りません）

【what to ～「何を～したらよいか」】
② We didn't know <u>what to</u> buy for her.
（私たちは彼女のために何を買えばよいのかわかりませんでした）

不定詞の使い方を一歩応用した"how to ～""what to ～"の使い方について説明します。
①のように、how to ～は仕方や方法についていうときに使います。日本語でも「ハウツー本」とよばれるものがありますね。これは、何をどのようにしたらよいかということ（方法）を細かく書いてある本のことですね。
②のように、what to ～は、「何を～したらよいか」という意味になります。

例文です。

① An old man asked me <u>how to get</u> a ticket from the machine.
（お年寄りが私にその機械で切符を買う方法をきいてきました）
② Could you tell me <u>how to get</u> to the post office?
（郵便局へはどう行けばいいか教えてくれませんか）
③ I taught him <u>how to swim</u>.

> (私は彼に泳ぎ方を教えました)
> ④ I didn't know <u>what to do</u> then.
> (私はその時何をしたらよいのかわかりませんでした)
> ⑤ He asked me <u>what to do</u>.
> (彼は私に何をしたらよいかたずねました)
> ⑥ Do you know <u>how to open</u> this box?
> (この箱の開け方を知っていますか)
> ⑦ Could you advise me <u>how to behave</u> at the dance?
> (ダンスパーティーでどのように振舞ったらいいか教えてくれませんか)

①のask A Bは、「AにBを尋ねる」という意味です。
この文の場合、A = meで、B = how to get a ticket from the machine「その機械で切符を買う方法」です。
また、「切符」はa ticketですが、a one-way ticket「片道切符」、a round-trip ticketは「往復切符」です。
②は、Could you tell me ～で「私に～を教えていただけませんか」という意味です。人に頼むときに使う丁寧な表現です。
また、動詞getには「場所に着く」という意味があります。
③how to swim「泳ぎ方」
④⑤では、what to doが使われています。「何をすべきか」という意味です。
⑦の動詞behaveは「振舞う」「行儀作法」という意味です。
Behave yourself!といえば、「お行儀よくしなさい」という意味で、子供をたしなめるときなどに使います。

34 不定詞③
——tell…to~——

① My mother <u>tells me</u> <u>to</u> study hard.
(母は私にしばしば一生懸命勉強するように言います)
② The teacher told him <u>not to</u> be late.
(先生は彼に遅刻しないように言いました)
③ I <u>asked</u> him <u>to</u> give a message.
(私は彼に伝言を頼みました)
④ We didn't <u>want</u> the news <u>to</u> be true.
(私たちはその知らせが本当であってほしくありませんでした)

①「…に~するように言う」、③「…に~するように頼む」は、不定詞を使って表すことができます。動詞にはtell, ask, wantなどを用いる場合が多くあります。
②のように「…に~しないように言う」場合は、to~の前にnotを入れます。
③ask+目的語+to~は、「…に~するように頼む」という表現ですが、④want+目的語+to~は「…が~であってほしい」とか「…に~してもらいたい」と訳します。たとえば、
I want to go there.
(私はそこに行きたいです)
I want you to go there.
(私はあなたにそこに行ってもらいたいです)
上記の2つの文を比べてみれば、「だれが」「何を」しようとしているのかがはっきりするでしょう。

例文です。

① My mother <u>told</u> me <u>to</u> take care of my sister.

> （母は私に妹の世話をするように言いました）
> ② May I <u>ask</u> you <u>to</u> postpone the meeting until the day after?
> （会議をあさってにしてもらえませんでしょうか）
> ③ We <u>waited for</u> the main guest <u>to</u> arrive at the party for half an hour.
> （私たちは主賓がパーティーに到着するのを30分待ちました）
> ④ My mother <u>told</u> me <u>to</u> buy some fruit at the grocery store for her.
> （母は自分の代わりに食料雑貨店で果物を買ってくるように私に言いつけました）
> ⑤ He <u>wants</u> me <u>to</u> leave.
> （彼は私がいないほうがよいと思っています）

①では、take care of ～という表現が使われています。これは「～の世話をする」という意味で、toldには命令・忠告などの意味が含まれます。
②May I ～?という文は「～してよろしいですか」とたずねる文です。この場合、「あなたに～することを頼んでよろしいですか」ときいています。postponeは「延期する」という意味です。get offも同じです。
また、the day afterとは「あさって」の意味ですが、これはthe day after tomorrowと同じです。
③は、wait for A to doで「Aが～するのを待つ」という意味です。また、30分ということでhalf an hourという表現を使っています。1時間の半分ということでこのように表現します。
④は、①と同様tell A to do「Aに～するように言う（命令）」という意味です。
⑤は、want A to doで「Aに～してもらいたい」という意味です。ですから、He want me to leave.で「彼は私にいなくなって（消えて）もらいたい」という意味になります。

35 不定詞④
—— "It…(for—)to~" と "too…to~" ——

① <u>It</u> is impossible <u>for</u> anyone <u>to</u> swim as fast as a dolphin.
（イルカのように速く泳ぐことは誰にもできません）
② I was <u>too</u> sleepy <u>to</u> copy the sentences written on the blackboard.
（私はとても眠かったので黒板に書かれた文を写すことができませんでした）

不定詞を用いた2つの文について説明しましょう。

① "It…(for-)to~"
"It…(for-)to~" という形をしています。
このItは、特に意味があるわけではありません。このItは、to以下のことを指しています。つまり、to swim as fast as a dolphinを指し、これが<u>意味上の主語</u>です。
to swim as fast as a dolphinの行為を誰がするかというと、for以下のanyoneです。to以下の行為をだれがするのかをはっきりさせたい場合は、to~の前にfor+人を置いて示します。
なお、①ではas fast as ～という表現がされていますが、これは「～と同じくらい速く」という意味です。

② "too…to~"
"too…to~" は、「あまりに…すぎて～できない」と訳します。
…の部分には、ほとんどの場合、形容詞が入ります。
「～できない」と訳しますが、文のどこかにnotなどの否定語を入れるわけではありません。
The book is <u>too</u> difficult to read.
（その本はあまりに難しくて読むことができません）
このように、too…to~の構文に否定の意味が含まれているので

す。
この文も①の文と同様、to以下の内容をだれが行うのかを説明したい場合、to以下の前にfor-といれます。

例文です。

> ① Was <u>it</u> easy to find here?
> （この場所はすぐに分かりましたか）
> ② <u>It</u> is difficult to pronounce.
> （難しい発音ですね）
> ③ <u>It's</u> quite out of character for her to do such a thing.
> （あんなことをするなんてまったく彼女らしくないです）
> ④ <u>It's</u> bad manners to talk with your mouth full of food.
> （食べ物を口に入れたままで話すのは行儀が悪いです）
> ⑤ The grass was <u>too</u> wet to sit on.
> （草があまりにもぬれていたので座れませんでした）

①疑問文ですね。しかし、it = to find hereということがわかれば簡単です。
to find hereは、「ここを見つけること」という意味ですね。これをit部分に当てはめて訳すと、「ここを見つけることが簡単でしたか」になります。
②It = to pronounceですね。
to pronounceは「発音すること」という意味です。これをItに当てはめて訳すと、「発音することが難しいです」になります。これを自然な日本語にすると、「難しい発音ですね」。
③It = to do such a thingです。
to do such a thingは、「そのようなことをすること」と訳せます。そして、for her が to〜の前にありますね。to〜以下の「そのよ

うなことをすること」をしたのはfor her「彼女」です。
out of characterは、「その人にふさわしくない」という意味。
あとは、to〜をItにあてはめて訳してください。
④It = to talk with your mouth full of foodです。
with your mouth full of foodは、「口の中を食べ物でいっぱいにした状態で」という意味。よって、to talk with your mouth full of foodは、「食べ物を口に入れたままで話すこと」。
⑤は、too…to〜の構文ですね。「…すぎて〜できない」にあてはめて訳してみてください。

会話に使える不定詞を含む英文を並べておきます。
① It is very kind of you to say so.
　　(そう言っていただいて、あなたは親切です。
　　　→そう言っていただいてありがとうございます)
② The lady was kind enough to teach me English.
　　(その婦人は親切にも、私に英語を教えてくれました)
③ The boy is too young to drive a car.
　　(その少年は、車を運転するには若すぎます)
④ It is not always hard to master a foreign language.
　　(外国語をマスターすることは、必ずしも困難なことではない)

36 動名詞
――動詞と名詞が結婚したら、動名詞になりました――

Talking with her is very fun.
(彼女と話すことはとても愉快です)

動名詞は、動詞の原形＋ingの形で、意味は「～すること」と訳します。単独で用いられる場合もあれば、動詞の目的語になったりもします。

【動名詞の用法】
① 動詞の目的語になる
I went shopping with my friend yesterday.
(昨日友達と買い物に行きました)
② 主語になる
Playing tennis is fun.
(テニスをすることは楽しいです)
③ 補語になる
His hobby is making model planes.
(彼の趣味は模型飛行機づくりです)
④ 前置詞の目的語になる
I am interested in writing a song.
(作詞・作曲するのに興味があります)

④be interested in ～「～に興味がある」
④のように動名詞（writing）が前置詞（in）の目的語になる場合、重要な熟語が動名詞の前にくることがあります。それらの熟語の例を挙げます。

① He is good at playing the guitar.
   (彼はギターを弾くのが得意です)
② She is fond of traveling alone.
   (彼女は一人旅が好きです)
③ Don't be afraid of making mistakes when you speak a foreign language.
   (外国語を話すときには間違えることを恐れてはいけません)
④ How about going for a drive to the lake this weekend?
   (今週末に湖にドライブにいきませんか)
⑤ Thank you for giving us a wonderful talk.
   (すばらしいお話をしていただいてありがとうございます)

①be good at 〜ing「〜することが得意だ」
②be fond of 〜ing「〜することが好きだ」
③be afraid of 〜ing「〜することを恐れる」
　make a mistake, make mistakes「間違いをする」
④How about 〜ing?「〜しませんか」
　go for a walk「散歩をする」
　go for a drive「ドライブをする」
⑤Thank you for 〜ing「〜してくれてありがとう」
このように、会話で多用する重要な熟語がたくさんあります。また、前置詞の後には動名詞がくることを覚えておいてください。

動名詞を用いた例文です。

① I am looking forward to hearing from you.

> (あなたからのお手紙を楽しみに待っています)
> ② Thank you for making time for me.
> (時間をつくってくださってありがとうございます)
> ③ Our company's main focus is information processing.
> (我が社の主な仕事は情報処理です)
> ④ When I was in elementary school, I liked drawing pictures.
> (小学生のとき、私は絵を描くのが好きでした)

①be looking forward to ～ing「～を楽しみに待つ」
hearing from you「あなたから便りがあること」
②だれかに何かをしてもらった場合にこの表現を使ってみましょう。
Thank you for ～ing「～してくれてありがとう」
make time「時間を作る」「時間を都合する」
③のprocessingは文の補語になっていますね。
information processing「情報処理」
④のdrawingは、動詞likeの目的語になっています。

37 動名詞と不定詞
――これがわかれば、英文法の山を征服したようなもの――

【挑戦することはすばらしい】
① <u>To challenge</u> is wonderful.
② <u>Challenging</u> is wonderful.

ここまで、動名詞も不定詞も「～すること」という意味だと勉強してきましたね。①②のように、どちらも同じ意味ですから、動名詞の部分を不定詞と入れ替えることもできます。
ただし、いくつか条件があります。箇条書きにしましょう。

> 【動名詞と不定詞の使い分け】
> ① 動名詞や不定詞を文の<u>主語</u>、<u>補語</u>に使う場合、両方OK。
> ② 動詞の目的語になる場合、動詞によって動名詞も不定詞<u>両方</u>とることができる場合と<u>どちらかしかとれない場合</u>がある。
> ③ 前置詞の目的語になるのは<u>動名詞</u>である。
> ④ 動名詞と不定詞で<u>意味が違う</u>場合がある。

①の例を挙げましょう。
文の<u>主語</u>は、動名詞でも不定詞でもOK!
○ <u>Playing</u> tennis is fun.
○ <u>To play</u> tennis is fun.
文の<u>補語</u>は、動名詞でも不定詞でもOK!
○ My hobby is <u>cooking</u>.
○ My hobby is <u>to cook</u>.

②の例を挙げましょう。
beginは動名詞も不定詞も<u>両方</u>OK!

○ He began running.
○ He began to run.
enjoyは動名詞しかとらない。
○ I enjoyed playing tennis.
× I enjoyed to play tennis.

decideは不定詞しかとらない。
× I decided seeing him.
○ I decided to see him.
このように、動名詞と不定詞の両方をとる動詞と、どちらか1つしかとらない動詞があります。

③について。前置詞は名詞の前に置く詞です。よって、不定詞は前置詞の目的語にはなり得ません。

④について。
Remember to mail the letter.
(忘れずにその手紙を郵便で送りなさい)
I remember mailing the letter.
(私はその手紙を郵便で送ったのを覚えています)
このように、rememberという動詞は、その後に動名詞がくるか不定詞がくるかによって文の意味が変わってきます。このような動詞は、この他にtry, forgetなどがあります。

①〜④までを見てきました。例を挙げましょう。

① I sometimes enjoy fishing in the river with my cousin.
(私はときどきいとこと川で釣りをして楽しみます)
② I hated reading books when I was young.
(私は若い頃本を読むのがきらいでした)
③ I tried to push the door open but I failed,

> so I pulled it.
> (ドアを押して開けようとしましたがだめだった
> ので引きました)

①enjoyは動名詞のみOK。enjoy to doという形はありません。
②のhateは動名詞も不定詞も両方OK。ですから、②の文はI hated to read books when I was young.とも書き換えられます。
③のtryは動名詞も不定詞も両方OK。しかし、動名詞をとるか不定詞をとるかによって意味が変わってきます。この場合、try to pushの形なので「〜しようと試みる」という意味です。
しかし、これが動名詞を用いてtry pushingでしたら「試しに押してみる」という意味になります。

会話に使える例文を並べます。

> ① I like playing golf. = I like to play golf.
> （私は、ゴルフをすることが好きです）
> ② I enjoyed fishing in the sea yesterday.
> （私は、昨日、海で魚つりを楽しみました）
> ③ I remember seeing you somewhere in Canada.
> （私は、カナダのどこかであなたにお会いしたこと
> を覚えています）

38 受動態①
——能動態と受動態——

【能動態】
① <u>I made</u> this car.
　（私は、この車を作りました）

【受動態】
② This car <u>was made</u> by me.
　（この車は、私に作られました）

①の文の主語はI「私」、目的語はthis car「この車」です。動作の主体は「私」です。
これに対し、②の文の主語はthis car「この車」です。
①の文は能動態、②の文は受動態です。
②の文の主語は「私に作られたこの車」というように、受動的なので受動態といいます。受動態では、能動態のときの<u>目的語が文の主語</u>になります。
また、受動態の動詞に注目してください。「<u>be動詞＋過去分詞</u>」の形になっています。なお、能動態のときの文の主語を「<u>by＋目的格</u>」の形にします。

もう一例、能動態と受動態をよく比較して見てください。

> 能動態　I eat an apple.（私はリンゴを<u>食べます</u>）
> 受動態　An apple is eaten by me.（リンゴは私に<u>食べられます</u>）

例文です。

① The wall <u>was painted</u> by my mother.
(その壁は母によって塗られました)
② He <u>is liked by</u> everyone.
(彼はみんなから好かれています)
③ The dump truck <u>was hit by</u> a falling rock.
(そのダンプカーは落石にあたりました)
④ I was <u>greeted by</u> an old lady.
(私は年配の女性に挨拶されました)

③のa falling rockのfallingは現在分詞で、rockの形容詞としての働きをしています。
また、①③④のように、受動態の文も現在形・過去形になります。
現在形 is, am, are ＋過去分詞→「〜される」
過去形 was, were ＋過去分詞→「〜された」
さらに、①②③④のように、by〜「〜によって」「〜に」と訳し、「〜」には人物が入ることが多いでしょう。

受動態の例文です。文の形に慣れてください。

① My transfer <u>was arranged</u> the day before yesterday.
(おととい、私の転勤が決まりました)
② This bag <u>is discounted</u> twenty percent.
(このバッグは2割引です)
③ Most of our parts <u>are made by</u> outsourcing.
(部品のほとんどが外注です)
④ Our company <u>was established</u> in nineteen sixty.
(我が社は1960年に設立されました)
⑤ My grandfather <u>was killed</u> in World War Ⅱ.

> （私の祖父は第二次世界大戦で亡くなりました）

①のように、「～によって」という部分をわざわざ言う必要がない場合はby以下を省略することがあります。転勤を決めるのは会社だということはわかりきっていますから、わざわざ言う必要がないわけです。
the day before yesterday「おととい」
④で、1960年のことをnineteen sixtyと表現していますね。1986年の場合はnineteen eighty-sixといいます。
⑤もwas killedで「殺された（戦死した）」といっていますが、誰に殺されたかは定かではないため、by～「誰に」という部分は省略しています。歴史の中の言葉として第二次世界大戦をWorld War Ⅱ [tu:] といいます。ちなみに、war「戦争」の反対語はpeace「平和」です。

会話に使える例文を並べます。

> ① The teacher was loved by everybody.
>   （その先生は、皆から好かれていました）
> ② He was loved by the girl.
>   （彼は、その少女から愛された）
> ③ The boy was scolded by his mother.
>   （その少年は、彼の母に叱られた）

39 受動態②
――疑問文・否定文――

① Is the rabbit <u>loved by</u> students? / Yes, it is.
　（そのうさぎは生徒達からかわいがられていますか / はい、そうです）
② Mike <u>isn't liked by</u> her.（マイクは彼女に好かれていません）
③ Alcoholic drinks <u>aren't sold</u> here.
　（アルコール飲料はここでは売られていません）

受動態の疑問文と否定文について説明しましょう。
①は、受動態の疑問文です。
[Be動詞＋主語＋過去分詞〜?]の形で表します。Is the rabbit loved 〜?という形なので、答えもYes, it is.です。lovedを過去形と考えて答えをYes, it was.としないように注意してください。lovedは過去分詞です。
②③は、受動態の否定文です。
[be動詞＋not＋過去分詞]の形で表します。
③は受動態の否定文ですが、by＋目的語の部分が抜けていますね。このように、文の内容によっては省略されることがあります。

受動態の疑問文・否定文の例文です。

---

① Rome <u>was not built</u> in a day.
　（ローマは一日で建てられませんでした）→（諺：ローマは一日にして成らず）
② Children under 18 are <u>not admitted to</u> that film.
　（あの映画は18歳未満の入場は禁じられています）
③ Who <u>was</u> radium <u>discovered by</u>?

112

> （誰がラジウムを発見しましたか）
> ④ These types of shoes <u>are</u> <u>not</u> <u>produced</u> in Japan.
> （これらのタイプの靴は日本では生産されていません）
> ⑤ This product <u>is</u> <u>not</u> <u>exported</u>. It is for domestic use only.
> （この製品は輸出されていません。国内使用のみです）

①の動詞builtは、build「〜を建てる」の過去分詞です。「建物」はbuildingでしたね。

②の動詞admittedは、admit「〜を認める」の過去分詞です。be admitted to 〜で「〜を許される」という意味です。admitには「場所などに入れる・入場を認める」という意味があります。

③は、Who discovered radium?（誰がラジウムを発見しましたか）という文を受動態にした文です。③の文を直訳すると「誰によってラジウムは発見されましたか」となり、訳が不自然なので、「誰がラジウムを発見しましたか」と、能動態の文のように訳しています。

④の動詞のproducedは、produce「〜を製造する、生産する」の過去分詞です。テレビ番組の制作者のことをプロデューサーproducerといいますが、これは「生産者・制作者」という意味です。

⑤の動詞exportedは、export「〜を輸出する」の過去分詞です。また、domesticとは「国内の」という意味です。他にも「家庭の」という意味があります。domestic lifeは「家庭生活」という意味で、domestic violenceは「家庭内暴力」という意味です。

練習問題です。（ ）に適当な語を入れてください。
① This was washed (A) (B).
（これは、彼に洗われました）
② You were ( ) in Japan.
（あなたは、日本で生まれました）
③ I don't ( ) you.

(私はあなたが好きではありません)
④ These computers ( ) made in U.S.A.
(これらのコンピュータはアメリカ製です)

<解答>
① A=by　B=him　by him＝「彼によって」
② born　動詞bear「産む」の受動態がbornです。
③ like　普通の能動態の文です。don'tの後なので、原形です。
④ are　主語が複数なので、areになります。
なお、この部分に過去形のwereを入れて「アメリカで作られた」
→「アメリカ製」と訳すことも可能です。

会話に使える例文を並べます。

> ① Are they sold in New Zealand?
> 　(それらは、ニュージーランドで売られていますか)
> ② French is not spoken here.
> 　(フランス語は、ここでは話されていません)
> ③ Is English spoken in Brazil?
> 　(ブラジルでは、英語は話されていますか)
> ④ Is the merchandize sold there?
> 　(そこで、その商品は、売られていますか)

40 受動態③
——by以外の前置詞——

能動態
　He cut down the tree.（彼は、木を切り倒した）
↓
受動態
　The tree was cut down by him.（木は、彼に切り倒された）

これまでは、The pen is used by him.のように動詞がbe動詞＋過去分詞の形をみてきましたが、今後は少しパターンの違う受動態についてみていきましょう。

① **The dog was taken away by him.**
　（その犬は彼に連れ去られました）
② **The cat is taken care of by her.**
　（その猫は彼女に世話をされています）
③ **He was laughed at by everyone.**
　（彼はみんなから笑われました）

take away ～は「～を連れ去る」、take care of ～は「～の世話をする」、laugh at ～は「～を笑う」という意味です。前置詞が2つ重なるので不思議に思われるかと思いますが、これは熟語をひとまとめに考えた結果こうなると考えてください。

受動態の文は、The animal is loved by everyone.のパターンだと説明してきましたが、by以外の前置詞をとるものがあります。

①　She <u>is known to</u> everyone.
　　（彼女はみんなに知られています）
②　The mountain <u>is covered with</u> snow.
　　（山は雪に覆われています）
③　I <u>am interested in</u> sign language.
　　（私は手話に興味があります）

①be known to ～「～に知られている」
②be covered with ～「～に覆われている」
③be interested in～「～に興味がある」
①②③のように、これらは受動態の形をしていますが、by～という形をとっていません。

もう少し例を挙げましょう。

①　Our business <u>was involved with</u> the Internet.
　　（今インターネット関係のビジネスをしています）
②　He was singled out as chairman.
　　（議長として彼に白羽の矢が立ちました）
③　That park <u>is looked after</u> properly.
　　（あの公園は管理が行き届いています）
④　He was bowled out by his superior.
　　（彼は上司にこってりと油を絞られました）
⑤　I <u>was acquainted with</u> her through our mutual friend.
　　（私は彼女と共通の友人を通じて知り合いました）

①be involved with「～と関係する」
②be singled out「～に選ばれる」

「選ばれる」から、「白羽の矢が立つ」と訳しています。
ここで用いているasは前置詞で、「～として」という意味です。
③は、look after ～「～の世話をする」が受動態になった文です。
④は、bowl out ～「～をひどくしかる」が受動態になった文です。
「ひどくしかる」ということを日本語では「油を絞る」という言い方をしますね。
⑤be acquainted with ～「～と知り合いで」
through「～を通じて・～を通して」、mutual「相互の」
mutual friendとは「お互いの友達」つまり「共通の友人」ということになります。

会話に使える例文を並べます。

① I was caught in a shower last evening.
（私は、昨晩、にわか雨にあいました）
② His mother was pleased at the news.
（彼の母は、その知らせに喜びました）
③ I was frightened to see the ghost.
（私は、ゆうれいを見て怖くなった）
④ She was surprised at his rude behavior.
（彼女は、彼の失礼な行為に驚きました）

41 分詞①
——現在分詞——

Look at that running dog.
(あの走っている犬を見て)

playing, singingなど「動詞の原形+ing」という形の動名詞や進行形をみてきました。
最後に、現在分詞として、名詞を修飾する働き、すなわち形容詞的な働きについてみていきたいと思います。
その前に、3つの「動詞の原形+ing」をまとめておきます。

> 【3つの「動詞の原形+ing」】
> ①進行形　　動詞の働き
> ②動名詞　　名詞の働き
> ③現在分詞　形容詞の働き

現在分詞は「〜している」という意味です。
①進行形
The girl is singing a song.（その少女は歌を歌っています）
②形容詞の働き
The girl singing a song is Yumi.
(歌を歌っている少女はゆみです)
①では、singing a songがthe girlを修飾しています。
②では、singing a songが前にあるthe girlを修飾していますが、これが単にsingingがthe girlを修飾する場合は文が変わってきます。
The singing girl is Yumi.（歌っている少女はゆみです）
このように、現在分詞の後に語句を伴わない場合は名詞の前から修飾し、語句を伴う場合は名詞の後から修飾します。

> The boy sitting by the door is Tom.（名詞の後から修飾）
> The sitting boy is Tom.（名詞の前から修飾）

例文です。

> ① The train was full of people going home on August 12.
> （8月12日は列車は帰省客でいっぱいでした）
> ② A rolling stone gathers no moss.
> （諺：転石苔むさず）
> ③ Failure is the stepping stone to success.
> （失敗は成功のもと）
> ④ A drowning man will catch at a straw.
> （諺：溺れるものはわらをもつかむ）
> ⑤ Let sleeping dogs lie.
> （諺：寝た子を起こすな）
> ⑥ This washing machine is still under guarantee.
> （この洗濯機はまだ保証期間中です）

①はgoing home on August 12「8月12日に帰省する」という言葉が前のpeopleを修飾しています。goingが後ろに語句を伴っているのでpeopleの後ろから修飾しているのです。
また、be full of～で「～でいっぱいである」という意味です。
go homeには「家に帰る」という意味と「帰省する」という意味があります。
②は諺です。rollingという現在分詞がstoneを修飾しています。rollingの後ろに語句がないので、stoneを前から修飾しています。
なお、roleは「役割」です。
③のstepping stoneは熟語で「足がかり」という意味です。

stepには「〜を進める」という意味があります。
④のdrowning manとは「溺れているひと」という意味です。drownは「溺れ死ぬ」という意味です。
また、strawとは「わら」という意味です。日本でも冷たいジュースをのむ細長いものをストローと言いますね。
⑤のsleeping dogsとは「寝ている犬」という意味です。文を直訳すると「寝ている犬はそのままにしておきなさい」という意味で、日本の諺でそれを「寝た子を起こすな」といいます。
Let〜は「〜させる」この英文を直訳すると「寝ているライオンを、横たわらせよ」lieは「横たわる」という意味の動詞。ここでは、本当は、to lieの不定詞になるはずですが、letが使役動詞なので、toがとれて原形不定詞になっていることに注意して下さい。
⑥のwashing machineは「洗う機械」という意味で、machineを前から修飾しています。

42 分詞②
――過去分詞――

There is the <u>broken</u> vase.
(壊れた花瓶があります)

過去分詞といえば受動態をみてきましたが、他に完了形、形容詞的用法で用いられます。

> 【過去分詞の3つの用法】
> ①受動態　　be動詞＋過去分詞
> ②完了形　　現在完了形have (has)＋過去分詞
> ③形容詞的用法　名詞を修飾する

完了形については後述することにし、ここでは③の過去分詞の形容詞的用法について説明しましょう。

過去分詞は「~された」という意味です。
例文です。

① 受動態
　The car is <u>made</u> in Italy.
　(その車はイタリアで作られています)

② 形容詞の働き
　He likes the car <u>made</u> in Italy.
　(彼はイタリア製の車が好きです)

①の過去分詞madeは受動態です。
②の過去分詞madeは形容詞的用法です。

made in Italyがthe carを修飾しています。
また、made in Italyというように過去分詞の後にin Italyという語句がくっついています。こういう場合は名詞the carのすぐあとについて修飾します。
しかし、a used car「中古車」のように、過去分詞usedの後に語句が伴わない場合は名詞の前に置かれます。
次の2つの文をよく比較しながら見てください。

名詞の後から修飾
There was a vase broken by my brother.

名詞の前から修飾
There was a broken vase on the table.

形容詞的用法の過去分詞を使った例文です。

---

① The new restaurant called Napori is said to be good.
（ナポリという名の新しいレストランはいいらしいわよ）
② Let's hunt for the gold hidden in the woods.
（森に隠された金を探しましょう）
③ Mary looked sad because she lost the ring given by her boyfriend.
（メアリーはボーイフレンドからもらった指輪をなくして悲しそうでした）
④ I like the picture taken by Tom.
（私はトムがとった写真が好きです）

---

①The new restaurant called Napori「ナポリという名の新しいレストラン」という意味です。名詞restaurantを後ろからcalled〜が

修飾しています。また、この文は受動態の文です。「…は〜と言われている」という意味になっています。

②も①と同様the gold <u>hidden</u> in the woods「森に<u>隠された</u>金」という意味で、過去分詞hiddenの後にin the woods「森に」があり、名詞the goldを後ろから修飾しています。

③は、the ring <u>given</u> by her boyfriend「ボーイフレンドから<u>もらった</u>指輪」という意味です。過去分詞givenの後ろにby her boyfriendがあり、名詞the ringを後ろから修飾しています。

また、because以下は「理由」を説明する働きをしています。

④のthe picture <u>taken</u> by Tomは「トムから撮られた写真」→「トムが撮った写真」という意味になります。過去分詞takenの後ろにby Tomがついているため、名詞the pictureを後ろから修飾しています。

43 比較①
——原級——

① He is <u>as tall as</u> his father.
（彼は、彼の父と同じくらい背が高い）

比較には、原級・比較級・最上級があります。
形容詞と副詞の「～と同じくらい」が原級です。形容詞tallならtallを原級といいます。
「～より…」が比較級です。tallならtallerになります。
「～のうち一番…」が最上級です。tallならtallestになります。
このように、形容詞や副詞は比較変化をします。

ここでは、原級について学びましょう。例文です。

> ① I can run <u>as fast as</u> Tom.
> （私はトムと同じ位はやく走れます）
> ② Mr. Brown is <u>not as old as</u> he looks.
> （ブラウン氏は見かけよりも年をとってはいません）
> ③ He is <u>as meek as</u> a lamb today.
> （彼は今日は借りてきた猫のようにおとなしいです）
> ④ The two are <u>as like as</u> two peas in a pod.
> （あの2人はうりふたつです）
> ⑤ He is <u>as fit as</u> a fiddle.
> （彼はぴんぴんしています）
> ⑥ I will never forget this <u>as long as</u> I live.
> （私はこのことを死ぬまで忘れません）

①as＋原級＋as～「～と同じくらい…」

②not as＋原級＋as～「～ほど…ない」
比べている両者が同じではないといっているのですね。
③as meek as a lambを直訳すると「子羊のようにおとなしい」となります。日本語では「借りてきた猫のようにおとなしい」という表現になります。英語ではおとなしいものの代表として「子羊」という言葉を用い、日本では「借りてきた猫」という言葉を用いるなんておもしろいですね。
④は慣用表現です。as like as two peasを直訳して「2つのえんどう豆のように似ている」です。in a podは「えんどう豆などのさや」のことです。
意訳すると「あの2人はうりふたつだ」となります。
likeには形容詞として「似ている」という意味があります。
⑤も慣用表現です。as fit as a fiddleを「きわめて健康で」と訳します。これは慣用句なのですが、a fiddleは「バイオリン」、形容詞fitは「よい状態で」という意味です。
「彼はきわめて健康です」と訳しても結構ですが、ここでは意訳して「彼はぴんぴんしています」と訳しています。
⑥ではas long as I liveで「私が生きている間中」と訳します。ですから、I will never forget this as long as I live.を直訳すると「私が生きている間中このことを決して忘れないだろう」となり、「私はこのことを死ぬまで忘れない」という訳になります。
また、neverは「決して～しない」という意味です。

44 比較②
——比較級——

He is <u>taller than</u> his father.
(彼は、彼の父より背が高い)

比較級「…より〜」について説明しましょう。
比較級は、2つのものを比べます。上の例文では、He「彼」とhis father「彼の父」を比べています。

---

① This animal is <u>bigger than</u> that one.
  (この動物はあの動物より大きいです)
② My sister is <u>much better</u> today <u>than</u> yesterday.
  (妹は今日は昨日よりずっと元気がいいです)
③ She is <u>more beautiful than</u> this rose.
  (彼女はこのバラより美しい)
④ Something to do is <u>better than</u> nothing.
  (少しでもすれば何もしないよりましだ)

---

①は、[比較級+than〜]で「〜より…」という表現です。
②は、[much+比較級]で「ずっと〜」という表現です。
比較級を強調する場合、②のように比較級の前にmuchをおきます。
③beautifulは、tallやbigのように-erにはなりません。
more beautifulです。長い形容詞は、語尾を-erにしないかわりに、moreをつけます。
④のbetterは、goodの比較級です。決してgooderにはしないでください。また、形容詞wellの比較級もbetterです。

原級	比較級	最上級
good	better	best
well	better	best

例文です。

> ① I am two years <u>older than</u> you are.
> （私はあなたより2つ年上です）
> ② It is <u>more convenient than</u> the former one.
> （以前より便利になりました）
> ③ <u>Better</u> bend <u>than</u> break.
> （諺：折れるより曲がる方がよい）
> ④ This winter is <u>harder than</u> usual.
> （今年の冬は例年に比べて厳しいです）

①のolder than ～は、「～より歳をとっている」という意味です。
②では、more convenientとなっています。形容詞convenientを比較級にあするには前にmoreをつけます。formerは「以前の」という意味です。
③は諺です。bendは「曲がる」「たわむ」という意味で、柳の木が風にたわむように、無理に抵抗して折れる（break）よりは曲がるほうがましという意味。「長いものには巻かれろ」「負けるが勝ち」も同類です。
④のhardには「天候や季節などが厳しい」という意味があります。また、usualとは「いつもの」という意味です。

比較級を使った諺を集めました。

> ⑤ Two heads are <u>better than</u> one.
> （2人の頭は1人に勝る）→（3人寄れば文殊の知恵）
> oneの後にheadが省略されています。
> ⑥ It's <u>easier</u> said <u>than</u> done.
> （言うは易く行うは難し）

「行動することよりも言うほうが簡単だ」→「言うは易く行うは難し」という意味。
saidもdoneも過去分詞。かなり省略された形になっていますが、諺ではよくあることです。

⑦ An old eagle is <u>better</u> <u>than</u> a young crow.
（腐っても鯛）

「年老いたワシは若いカラスよりよい」→「腐っても鯛」になります。意味は「すぐれたものはだめになってもその値打ちは残っている」です。

⑧ Health is <u>better</u> <u>than</u> wealth.（健康は富に勝る）
⑨ Blood is <u>thicker</u> <u>than</u> water.（血は水よりも濃い）
　→（諺：「他人より身内」）

thickerは形容詞thick「濃い」の比較級です。

⑩ Actions speak <u>louder</u> <u>than</u> words.
（言葉より行いがものをいう）

louderは形容詞loud「声が大きい」の比較級です。

会話に使える例文を並べます。

---

① She is younger than I.
（彼女は私より若いです）
② My son is taller than my husband.
（息子は夫より背が高い）
③ That building is much older than this university.
（あの建物は、この大学より古い）

45 比較③
―― 最上級 ――

He is <u>the tallest</u> of my family.
(彼は、家族の中で一番背が高い)

最上級は、3つ以上のものを比べて「…のうちで1番～」という表現です。最上級には定冠詞theをつけます。

① Mt. Fuji is <u>the highest</u> mountain in Japan.
(富士山は日本の中で最も高い山です)
② This is <u>the most beautiful</u> place in this city.
(ここはこの街の中で最も美しい場所です)
③ Takashi is <u>the tallest</u> of all.
(たかしがみんなの中で一番背が高いです)
④ He is <u>taller than</u> any other boy in his class.
(彼はクラスの他のどの少年よりも背が高いです)

①②は、"the＋最上級＋in…"で、「…のうちで1番～」という意味です。inの後には場所や範囲を表す言葉がきます。
③のように、同類や仲間の中で「最も～だ」という場合、inではなくofを前置詞として用います。
おや、④は比較級ですね。しかし意味は、「他のどの…より～」という意味ですから、最上級と同じ意味になります。
この文は"比較級＋than any other＋<u>単数名詞</u>"の形で表します。

最上級の例文です。

① Where is <u>the closest</u> Chinese restaurant?
（ここから1番近い中華料理店はどこですか）
② It wasn't <u>the most important</u> clue.
（それは決め手の証拠ではありませんでした）
③ The picture is <u>the most beautiful</u> of all.
（この絵は全部の絵の中で1番美しいです）
④ Mathematics is <u>the most difficult</u> for me.
（私は数学が1番苦手です）
⑤ Health is <u>the most important</u> thing for her.
（彼女にとっては健康が1番大切なことです）
⑥ He is <u>more</u> hard-working <u>than any other</u> student in the class.
（彼はクラスで1番勉強します）
⑦ This is the second best city. <u>The first</u> is your city.
（ここは2番目に最高の街です。1番目はあなたの街です）

①形容詞closeは、「距離が近い」という意味です。
The closest Chinese restaurantで「最も近い中華料理店」という意味になります。
②clueは名詞「証拠」という意味です。
直訳すると、「それは最も重要な証拠ではありませんでした」となりますが、「決定的な証拠・決め手の証拠」とする方が日本語として自然でしょう。
③ではすべての中で最も美しいという意味をだすためにthe most beautifulの後にof allがついています。これで「すべての中で」という意味になります。
④ではthe most difficult の後にfor meがついていて、「私にとっては1番難しい」→「私にとっては1番苦手だ」という意味になります。
⑤ではthe most importantの後にthingがきていて、thingをthe

130

most importantが修飾しています。

⑥は「他のどの…より〜だ」という意味の文で、最上級の意味を表します。この文はHe is the most hard-working of all the students in the class.といいかえることもできます。

⑦は、筆者がカナダのモントリオールのバスツアーを利用した時、運転手の男性が言った言葉です。モントリオールはすばらしい町だ。でもあなたの町は１番ですが……、と社交辞令を言い、モントリオールを宣伝しながら自慢しているのですね。

46 比較④
―― 「どれが?」「だれが?」「何が?」――

① <u>Which</u> is colder in winter, Japan or Canada?
（冬、日本とカナダではどちらが寒いですか）
② <u>Who</u> is the oldest in your family?
（あなたの家族のなかで1番年上なのはだれですか）
③ <u>What</u> is the cheapest in this case?
（このケースのなかで1番安いのはどれですか）

比較の文でも、もちろん疑問文があります。その中でよく使われる疑問詞がwhich, who, whatです。
①のWhich～?は、物に対して用います。「どれが」という意味。
②Who～?は、人に対して用います。「だれが」という意味。
③What～?は、不定のものに対して用います。「何が」という意味。

例文を紹介しましょう。

① <u>Which</u> is <u>higher</u>, Mt. Everest <u>or</u> Mt. Kilimanjaro?
（エベレスト山とキリマンジャロ山ではどちらが高いですか）
② <u>Who</u> plays the piano <u>better</u>, you or your sister?
（あなたとあなたの妹ではどちらがピアノをうまくひきますか）
③ <u>Which</u> is <u>the newest</u> book of the three?
（3冊のうちでどれが1番新しい本ですか）
④ <u>Who</u> gets up <u>the earliest</u> in your family?
（あなたの家族でだれが1番早く起きますか）
⑤ <u>What</u> is <u>the highest</u> mountain in Japan?

> （日本で１番高い山は何ですか）

①は、[Which 〜比較級, A or B?]という形で、「AとBではどちらがより〜か」ということを尋ねる文です。2つのものを比べています。
②は、[Who 〜比較級, A or B?]という形で、「AとBではどちらがより〜か」ということを尋ねる文です。2つのものを比べています。①のWhichを使った文と同じ形をしています。
③は、[Which 〜最上級 + of(in) …?]という形で、「…の中でどれが１番〜か」という表現です。3つのものを比べています。
of…の場合は、ofの後に同類のものや仲間がきます。
また、in…の場合は、inの後に場所や範囲がきます。
④は、[Who 〜最上級 + of(in) …?]という形で、「…の中でだれが１番〜か」という表現です。3つ以上のものを比べています。
⑤は、[What 〜最上級 + of(in) …?]という形で、「何が１番〜か」という表現です。不特定多数のものを比べています。
まとめると、次のようになります。

【比較級を用いた疑問文】
　Which(Who)〜比較級, A or B?「AとBではどちらがより〜か」
【最上級を用いた疑問文】
　Which(Who, What)〜最上級 + of(in) …?
　「…の中でどれが（だれが、何が）１番〜か」

練習問題です。( )に適当な疑問詞を入れてください。
① (　) would you prefer, beer or wine?
　（ビールとワイン、どちらが好きですか）
② (　) is the cheapest of the three?
　（３つの中でどれが１番安いですか）
③ (　) is older, he or she?
　（彼と彼女ではどちらが年上ですか）
④ (　) is the biggest lake in Japan?
　（日本で一番大きな湖はなんですか）

⑤ (　) do you think is fitter for the job, he or I?
（彼と私ではどちらがその仕事に向いていると思いますか）

＜解答＞
① Which　2つの「物」を比べているので、whichが正解です。
② Which　3つの「物」を比べているので、whichが正解です。なお、3つ以上の「物」を比べているので、形容詞は最上級the cheapestになっています。
③ Who　2人の「人」を比べているので、whoが正解です。
④ What　日本には不特定多数の湖があり、それらを比べているので、whatが正解です。
⑤ Who　③と同様、2人の「人」を比べているので、whoが正解。

その他、よく使われる比較の表現を紹介しましょう。
○終わりから2番目の人はだれですか
Who is the man in the last seat but one?
○彼のお父さんはどのようなかんじの人物ですか
What sort of a fellow is his father?
○あなたは、春と秋ではどちらが好きですか
Which do you like better, spring or autumn?

47 比較⑤
——better, bestの文——

① I <u>like</u> baseball <u>better than</u> soccer.
（私はサッカーより野球のほうが好きです）
② I <u>like</u> the piano <u>the best</u> of all instruments.
（私は楽器の中で一番ピアノが好きです）

形容詞goodの比較級はbetter、最上級はbestであるということは前述しましたね。ここでは、goodに焦点をあてます。
上の例文は、better, bestを用いた肯定文です。
①のように、「AとBを比べてAの方が好き」という場合、
"like A better than B" と表します。
②のように、「すべての〜の中でAが一番好き」という場合、
"like A the best of(in) …" と表します。

次に、疑問文を見てみましょう。

---

① <u>Which</u> do you <u>like better</u>, summer or winter?
（夏と冬はどちらが好きですか）
② <u>Which</u> do you <u>like the best of</u> the season?
（季節の中ではどれが一番好きですか）

---

①のように、「AとBではどちらが好きですか」という場合、
"Which 〜 like better, A or B?" と表します。
②のように、「…の中でどれが一番好きですか」という場合、
"Which 〜 like the best of(in)…?" と表します。

多くの例文を見てマスターしましょう。

① She is a <u>better</u> dancer <u>than</u> Jane.
（彼女はジェーンよりもダンスが上手です）
② It is <u>better than</u> nothing.
（諺：なにもないよりましだ）
③ The sooner, the <u>better</u>.
（早ければ早いほどいい）
④ <u>Better</u> late than never.
（諺：遅くともしないよりはまし）
⑤ You had <u>best</u> start now.
（今こそ出発すべきです）
⑥ I like science <u>best</u> of all subjects.
（私は全科目の中で科学が1番好きです）
⑦ It might be <u>better</u> to go by bus.
（バスで行く方がよいかもしれません）
⑧ My <u>best</u> friend will marry next week.
（私の親友が来週結婚します）

①のようにbetterは「よりよい」という意味で形容詞として名詞を修飾します。この文はまた、She dances better than Jane.ともいいかえることができます。②は諺です。
③も慣用句で、副詞であるsoon「すぐに」が比較級soonerになり、「より早く」という意味になっています。直訳すれば「より早ければよりよい」となりますから、「早ければ早いほどいい」という意味になります。[the＋比較級，the＋比較級]の形で、The more, the better（多ければ多いほどいい）
④は諺です。neverは「決して〜ない」という意味の副詞です。
⑤had best doで「〜するのが1番よい」という意味です。これがhad better doでしたら「〜するほうがよい」という意味になります。
⑥ではbestの後にof allがついて「すべての中で1番」という意味。
⑦はto go by busが本当の主語です。つまり、この文はTo go by bus might be better.といいかえることができます。

48 接続詞①
——that——

① I didn't <u>realize</u> <u>that</u> we wasted such a lot of food.
（私たちがとても多くの食べ物を無駄にしているとは知りませんでした）
② The message <u>says</u> <u>that</u> John will be absent from the meeting tomorrow.
（伝言にジョンが明日会議に欠席すると書いてあります）
③ I don't <u>think</u> <u>that</u> any bank will loan you such a lot of money.
（どんな銀行もそんな大金を君に貸すとは思えません）

語と語、句と句、文と文を結びつける働きをする語を接続詞といいます。ここでは、接続詞thatについて説明します。
That is a cat.（あれは猫です）
このThatではありません。thatは接続詞でもあるのです。
①のthat以下の文は動詞realizeの目的語になっています。このように、that＋主語＋動詞がひとまとまりになって、「～ということ」という意味を表しています。
この場合、"I didn't realize" と "we wasted such a lot of food" の2つが接続詞thatによって結びついているわけです。
②も①と同様、that以下の文がsaysの目的語になっています。よって、The message says that ～は、「伝言が～だと言っている」という訳になります。
③も「私は～だと思えません」という訳になり、この～の部分がthat以下の文の内容です。
接続詞thatについてまとめるとこのようになります。
・接続詞that以下は、「～ということ」と訳す。
・接続詞that以下は、thatより前にある動詞の目的語になる。

thatは省略されることも多くあります。

> ① They <u>believed</u> Jane dropped the vase on purpose.
> （彼らはジェーンがわざと花瓶を落としたのだと思っていました）
> ② The president <u>declared</u> he trusted the people.
> （大統領は国民を信じると宣言しました）

このようにthatは下線の語の後で省略されることがあります。しかし、意味は変わらず「〜ということ」という意味です。
①のon purposeというのは「わざと」という熟語です。
接続詞thatを用いるとこのようになります。
①They believed <u>that</u> Jane dropped the vase on purpose.
②The president declared <u>that</u> he trusted the people.

例文を紹介しましょう。

> ① I heard <u>that</u> dessert and coffee is served free after the meal.
> （食後にデザートとコーヒーがサービスされるそうです）
> ② Please tell him <u>that</u> I will be there in ten minutes.
> （私は10分後にはそちらに行くと彼に伝えてください）
> ③ I heard <u>that</u> he would take up the post in another city leaving his wife and child behind in Osaka.
> （彼は奥さんと子供を大阪に残して単身赴任するそうです）
> ④ I just wanted to tell you <u>that</u> your speech was wonderful.

> (あなたのスピーチはすばらしかったと言いたかったのです)
> ⑤ A dog year means <u>that</u> one year is equivalent to seven years.
> (ドッグイヤーとは、1年が7年分に相当するという意味です)
> ⑥ The best feature of this product is <u>that</u> it is very light in weight.
> (この商品の1番の特徴は軽いということです)

①のthat以下はheardの目的語になっています。
②はtell him that〜で「〜について彼に言う」という意味です。
③take up the post in another city「別の都市で任務につく」→「転勤する」
④tell you that 〜「〜についてあなたに言う」
⑤はmean that 〜で「〜のことを意味する」ということ。be equivalent to 〜は「〜に相当する」という熟語です。
⑥はThe best feature of this product ＝it is very light in weight、後者をthatが接続詞としてまとめています。

49 接続詞②
——時を表す接続詞——

I will go out <u>when</u> she comes here.
(彼女がここへ来る時、私は出かけます)
<u>As</u> night comes on, it became darker and darker.
(夜のとばりが降りるにつれて、どんどん暗くなってきた)

時を表す接続詞にはいくつかあります。

【時を表す接続詞】
when 「〜のときに」	before 「〜の前に」
after 「〜の後に」	while 「〜する間に」
as 「〜のときに、〜につれて」	until 「〜まで」
since 「〜以来」	

before, afterに関しては次のような使い方もありましたね。before lunch「昼食前」、after school「放課後」。
これらのbefore, afterは、名詞の前にあるので、前置詞です。before, afterには前置詞としての役に加えて、接続詞としての役割もあります。2つの大きな違いは接続詞の場合は後に主語＋動詞がくることです。

例文です。

① Tom broke the window <u>when</u> he was playing baseball.
(トムは野球をしていて窓ガラスを割ってしまいました)
② He finished his homework <u>before</u> the TV

> program started.
> (彼はテレビ番組が始まる前に宿題を終えました)
> ③ He arrived ten minutes <u>after</u> she left.
> (彼は彼女が出発して10分後に到着しました)
> ④ My mother cut her finger <u>while</u> she was cooking.
> (母は料理中に指を切ってしまいました)
> ⑤ <u>As</u> I went into the cave, I felt very cold.
> (その洞窟に入っていくにつれてとても寒く感じました)
> ⑥ Don't get off the bus <u>until</u> it stops.
> (バスが止まるまで降りてはいけません)
> ⑦ We have known each other <u>since</u> we were children.
> (私たちは子供の頃からお互いを知っています)

⑥のget offは「降りる」、get onは「乗る」。
例文のように、接続詞の後には主語と動詞が必ずあります。
それぞれの接続詞がどのような意味を持っているかを確認してください。

練習問題です。冒頭で紹介した接続詞の意味を確認しながら、
(　)に適当な接続詞を入れてください。
① (　) you visit your client, please submit the report within three days.
(顧客を訪問したら、必ずレポートを3日以内に提出してください)
② It was 10 years ago (　) we last met.
(この前お会いしたのは10年前でしたね)
③ Don't wake me up (　) breakfast is ready tomorrow morning.
(明日の朝、朝食の用意ができるまで起こさないでもらいたい)
④ She hung up (　) I was talking.
(彼女は私が話している途中で電話を切ってしまいました)

⑤ I'll finish it (　) you come home.
（あなたが帰る前にそれをすましておきます）
⑥ (　) the sun rose, the fog dispersed.
（太陽がのぼるにつれて、霧が晴れました）
⑦ I feel shaky (　) I was sick.
（病気になってから気分がすぐれません）

<解答>
① After　after「〜した後で」。
within three days「3日以内」 within前置詞「〜以内に」
② when　when「〜のときに」。この文の主語Itは時を表す代名詞で「それ」とは訳しません。形式的な主語です。
③ until　until「〜まで」という意味。命令文ですから、「〜するまで…しないでくれ」という意味になります。
④ while　while「〜の間に」という意味。
hungは〈hang　hung　hung〉と活用する「つるす」という意味の動詞の過去形です。
⑤ before　before「〜の前に」 come home「家に帰る」
⑥ As　as「〜につれて」という意味。roseは、〈rise　rose　risen〉のrose（昇る）。fogは「霧」です。smogはsmokeとfogを組み合わせた混成語（blending）です。disperse「霧などが晴れる」
⑦ since　since「〜以来」 feel shaky「気分がすぐれない」という慣用句

英語「超基本」を一日30分！

50 接続詞③
―― if, because, as, though, although ――

① <u>If</u> you go to the store, please buy a notebook for me.
（もしその店に行くのなら、ノートを1冊買ってください）
② He was late at school <u>because</u> he overslept.
（彼は寝過ごしたので、学校に遅刻しました）
③ <u>As</u> I was tired, I went to bed soon last night.
（疲れていたので、昨夜はすぐ寝ました）
④ I like playing the guitar, <u>though</u> I am not good at it.
（うまくはないけれど、ギターを弾くのが好きです）
⑤ <u>Although</u> it's a small insect, it has life, too.
（小さな虫だけれども、それにも生命があります）

①について、お店に行くのは未来のことですが、動詞は現在形のままです。if節の中では未来のことも現在形で表します。
②③について、becauseもasも共に「～なので」という意味を表しますが、becauseの方がasよりも強い意味を表します。
④⑤について、thoughとalthoughも同じ意味です。ただ、althoughの方が堅い感じの文で使われます。
これらの接続詞のもつ意味をまとめましょう。

- if「もし～なら」条件
- because, as「～だから」理由や原因
- though, although「～だけれども」譲歩

上記の5つの接続詞を用いた例文です。

① The transportation expenses will be cheaper <u>if</u> you buy a commuter pass.

> (交通費は定期を買った方が安いですよ)
> ② This copy machine does not work <u>because</u> some papers are jammed.
> (紙が詰まっているのでコピー機が動きません)
> ③ I must change our appointment, <u>as</u> I have to go to Osaka on business tomorrow.
> (明日大阪に社用で出張しなくてはならないので、お約束を取り消したいのですが)
> ④ He walks like an old man, <u>though</u> he is not old.
> (彼は年寄りでもないのに、年寄りのような歩き方をします)

①は、ifを用いた「もし〜なら」という表現です。また、cheaperは形容詞cheap「安い」の比較級なので「より安い」という意味。
②のbecauseは「〜なので」という意味です。jamというのは動詞で「ぎっしりいっぱいである」という意味です。この場合、コピー機で使う紙がjamであるということは「紙が詰まっている」という意味になります。
③はasを用いています。asは「〜なので」という意味で、becauseと同じ意味ですね。have to 〜は「〜しなくてはならない」という意味です。
④はthoughを用いて「〜だけれども」という意味を表しています。althoughもthoughと同じ意味です。

51 接続詞④
―― 連語の接続詞 ――

I'm looking forward to seeing you <u>either</u> in Japan <u>or</u> in Canada.
（私は、日本かカナダのどちらかであなたに会うことを楽しみにしています）

語や文を結ぶ役目をする接続詞は１語だとはかぎりません。
上の例文のように、連語の形で接続詞の役目をするものもあります。今回はこういった接続詞についてみていきましょう。

例を挙げながら、連語の接続詞を紹介し、意味をまとめましょう。

① She is <u>so</u> kind <u>that</u> we like her very much.
　（彼女はとても親切なので、私たちは彼女がとても好きです）
② I watched TV <u>as soon as</u> I came home.
　（私は家に帰るとすぐにテレビを見ました）
③ There are a lot of differences <u>between</u> Japanese <u>and</u> American culture.
　（日本とアメリカの文化の間には多くの相違があります）
④ She can speak <u>both</u> English <u>and</u> German.
　（彼女は英語もドイツ語も話せます）
⑤ <u>Either</u> she <u>or</u> I am at fault.
　（彼女か私かどちらかが間違っています）
⑥ I tried to read <u>as</u> many books <u>as</u> I <u>could</u> in my student days.
　（私は学生時代にできるだけ多くの本を読もうと

> しました)
> ⑦ <u>Not only</u> you <u>but also</u> he has a dog.
> (君だけでなく彼も犬を飼っています)

① so＋形容詞（副詞）＋that…「とても～なので…」
② as soon as＋主語＋動詞～「～するとすぐに」
③ between A and B「AとBの間に」
④ both～and…で「～も…も両方とも」
⑤ either～or…「～か…かどちらか」
⑥ as～as…canで「できるだけ～」
asより前の動詞が過去形のときはcanをcouldにします。
⑦ not only～but also…「～だけでなく…も」
上に挙げた接続詞はどれも連語の形になっていますね。

さらに、例文を紹介しましょう。

> ① We can recommend this product to <u>both</u> children <u>and</u> elderly.
> (子供にも年配の方にもこの製品はおすすめです)
> ② He was <u>so</u> kind <u>that</u> he took me to the zoo by car.
> (彼はとても親切なので、私を車で動物園まで連れて行ってくれました)
> ③ <u>As soon as</u> I get to the station, I will call you.
> (駅に着いたらすぐあなたに電話します)
> ④ You should solve the math problems <u>as</u> quickly <u>as</u> you can.
> (できるだけ速く数学の問題を解きなさい)
> ⑤ <u>Either</u> Jane <u>or</u> I am going to be the captain of the drama club.
> (ジェーンか私のどちらかが演劇部の部長になることになっています)

⑥ <u>**Between**</u> you <u>**and**</u> me, keep this matter secret.
   (ここだけの話だが、このことはだまっておいてほしい)
⑦ <u>**Not only**</u> you <u>**but also**</u> I was late for school.
   (あなただけでなく私も学校に遅れました)

① both children and elderly「子供も年配の方も」
② so kind that〜「とても親切なので〜」
③ As soon as I get to the station「駅に着いたらすぐに」
As soon asの後には主語＋動詞がきます。get to〜で「〜に着く」という意味です。
④ as quickly as you can「できるだけ速く〜する」
動詞solveが現在形なのでcanも現在形にします。shouldは「すべきである」という命令・意向を表します。
⑤ Either Jane or I「ジェーンか私のどちらか」
また、be going to doで「〜するつもりである」「〜することになっている（予定）」という意味です。
⑥ Between you and me「ここだけの話だが」
keep this matter secretは「このことを秘密にしておく」という意味です。keepは第5文型をとる動詞ですね。
⑦ Not only A but also B「AだけでなくBもまた」

52 現在完了①
——3つの意味——

① I <u>have learned</u> flower arrangement for a long time.
(私は長い間フラワーアレンジメントを習っています)
② He <u>has managed</u> to master English.
(彼はどうにか英語を身につけました)
③ I <u>have visited</u> Kyoto before.
(私は以前京都を訪れたことがあります)

[have(has) + 過去分詞]の形を現在完了形といいます。
主語が3人称単数の場合(It, he, sheなど)、hasを用います。
現在完了は、過去のある時に始まった動作や状態が現在とつながっていることを示します。
①は、過去に始めたフラワーアレンジメントを今も続けて習っているので、「継続」の用法の現在完了形です。flower arrangementは「生け花」のことです。
②は、過去に始めた英語について、今習得したといっています。「完了・結果」の用法です。なお、manage to 不定詞〜で「なんとか〜する」「やっと〜する」という意味になります。
③は、「経験」を表しています。過去のことが現在も経験として残っていると考えてください。それで、現在完了形なのです。

> <u>現在形は、今このときの状態を表しています。</u>
> <u>過去形は、過去のあるときの状態を表しています。</u>
> <u>現在完了形は、過去のあるときに始まったことが現在も続いている状態</u>を表しています。

現在完了には3つの用法をまとめましょう。

【現在完了の3つの用法】
① 継続　　　　　「ずっと〜だ」「ずっと〜している」
② 完了・結果　　「〜したところだ」「〜してしまった」
③ 経験　　　　　「〜したことがある」

現在完了を用いた例文です。

① Mr. White <u>has</u> already <u>left</u> the office.
（ホワイト氏は、もう退社しました）
② Mr. White <u>has</u> just <u>left</u>, but he will be back by three o'clock.
（ホワイトさんはたった今出てしまいましたが、3時には戻ります）
③ It <u>has been</u> a while since I<u>'ve met</u> you.
（お久しぶりです）
④ It <u>has been</u> 5 years since I joined this company.
（入社してから今年で5年になります）
⑤ I <u>have started</u> to use a pocket phone from this month.
（今月から携帯電話を使っています）
⑥ I <u>have been</u> ill since the week before last.
（先々週からずっと体の具合が悪い）
⑦ He <u>has been</u> absent for many weeks.
（彼は何週間も休んでいます）
⑧ The train fare <u>has increased</u> for thirty yen.
（電車の運賃が30円値上がりしました）
⑨ Mr. White <u>has been</u> waiting for you.
（ホワイト氏がさっきから君を待っていますよ）
⑩ I <u>have lost</u> my way.
（道に迷ってしまいました）

> ⑪ I <u>have read</u> the book three times.
> 　(その本を3度読んだことがあります)

①と②⑧⑩は「完了・結果」の現在完了を用いています。
③は「おひさしぶりです」という慣用句です。このまま覚えてしまいましょう。
④と⑤⑦⑨とは「継続」の現在完了を用いています。
⑪は「経験」の現在完了を用いています。

単語の解説をしましょう。
④のcompanyは、firmやcorporationと言い換えることもできます。
⑥のthe week before lastは「先々週」という意味です。the day before yesterdayといえば「おととい」という意味です。
⑦のabsentの反対語はpresent。
⑧increase「増加する」の反対語はdecrease「減少する」です。
⑨のwait for〜は「〜を待つ」。
⑪2回はtwice、3回はthree times、4回はfour times〜。

53 現在完了②
——疑問文・否定文——

① 「継続」の疑問文
   Have you lived here for a long time?— Yes, I have./ No, I have not.
   (ここには長いことお住まいですか)(はい／いいえ)
   「継続」の否定文
   I **have not written** to him for a year.
   (この1年彼に手紙を出していません)
② 「完了・結果」の疑問文
   Have you cleaned your room yet? — Yes, I have. / No, I have not.
   (部屋の掃除はしましたか)(はい／いいえ)
   「完了・結果」の否定文
   He **has not eaten** his lunch yet.
   (彼はまだ昼食を食べていません)
③ 「経験」の疑問文
   Have you ever read this book? — Yes, I have. / No, I have not.
   (この本をお読みになりましたか)(はい／いいえ)
   「経験」の否定文
   I **have never been** late.
   (私の遅れたことはありません)

ここでは、現在完了の疑問文と否定文について説明します。
現在完了には3つの用法がありましたね。現在完了の用法によって疑問文・否定文にも違いがでてきます。
まとめると、このようになります。

> 現在完了の疑問文・否定文
> - 疑問文：Have(Has) + 主語 + 過去分詞〜?の形が基本
>   答え方：Yes, I have. / No, I have not.
> - 否定文：have(has) + not + 過去分詞〜の形が基本

「完了・結果」の疑問文の場合、yet「もう〜してしまいましたか」を入れています。
また、「経験」の疑問文では、ever「今までに〜したことがありますか」、否定文ではnever「1度も〜したことがありません」を入れています。

例文です。それぞれどのような用法で使われているかも確認しながら見て下さい。

---

① How long have you been in Japan?
   (日本にいらしてどのくらい経ちますか)
② How many times have you come to Japan?
   (日本へは何回目ですか)
③ Have I seen you before?
   (前にお会いしましたか)
④ Where have you been?
   (どこへ行っていたの)
⑤ Have you made up your mind where to spend your next vacation?
   (今度の休暇にどこへ行くか決めましたか)

---

①は完了形の疑問文にHow longがくっついています。これによって「どのくらいの期間日本にいますか」と「継続」の意味を表す疑問文になっています。このように、have you 〜?の前に疑問詞がつく疑問文もあります。
②の疑問文も完了形の疑問文にHow many timesがくっついてい

ます。これは「何回目ですか」という意味なので、全体で「日本へは何回こられたのですか」と「完了」の意味を表す疑問文になっています。
③は「会ったことがある」という「経験」の文が疑問文の形になったものです。
④は完了形の文にWhereがついて、「どこへ行っていたのですか」という「完了」の意味を表す疑問文になっています。
⑤のmake up one's mindで「～を決定（決心）する」という意味の熟語です。where以下は「どこで今度の休暇を過ごすのか」という意味です。この文全体は「決めましたか」という意味なので「完了」を表しています。spendは「費やす」という動詞、expenseは「費用」という名詞です。expensiveは「値段が高い」という形容詞です。vacationは「休暇」holidayは「休日」というニュアンスです。なおvocationになると「職業」です。似ていますので要注意です。

54 関係代名詞①
──2つの文をつなぎます──

She is the actress <u>who</u> played in this movie.
（彼女は、この映画に出演した女優です）

関係代名詞は、「2つの文を結ぶ接続詞の働き＋代名詞の働き」の2つの役割を1つの単語でこなしてしまう言葉です。

関係代名詞は、次の3つの種類に分けられます。

> 【関係代名詞の3つの種類】
> ① 主格
> ② 目的格
> ③ 所有格

まず、主格からみていきましょう。

> 【主格の関係代名詞】
> ① He is <u>a teacher</u>. （彼は先生です）
>   ＋
> ② <u>He</u> teaches English. （彼は英語を教えています）
>   ↓
>   He is a teacher <u>who</u> teaches English.
>   （彼は英語を教える先生です）

①a teacherと②Heは同一人物です。関係代名詞whoが①と②をつなぎ、かつ代名詞Heの働きもしています。
Heは②の文の主語なので、主格の関係代名詞といいます。

whoは、その前の語句が「人」の場合に用います。「人」以外ではwhichを用いますし、thatであればどちらの場合でも使えます。

次に目的格の関係代名詞をみてみましょう。

【目的格の関係代名詞】
① I know <u>the boy</u>.（私はその少年を知っています）
　　＋
② You like <u>him</u>.（あなたは彼が好きです）
　　↓
I know the boy <u>whom</u> you like.
（私はあなたが好きなその少年を知っています）

---

①the boyと②himは同一人物です。②himは文の目的語なので目的格の関係代名詞といいます。
whomは、その前の語句が「人」の場合に用います。「人」以外ではwhichを用います。thatであれば両方の場合で使えます。

では次に、所有格の関係代名詞をみてみましょう。

【所有格の関係代名詞】
① I know <u>the boy</u>.（私はその少年を知っています）
　　＋
② <u>His</u> name is Bob.（彼の名前はボブです）
　　↓
I know the boy <u>whose</u> name is Bob.
（私はボブという名前の少年を知っています）

---

①the boyと②Hisは同一人物です。それらが一緒になって関係代名詞whoseになります。Hisは所有格の代名詞です。

ですから、whoseは接続詞＋所有格の代名詞の働きをします。whoseの後には名詞がきます。

このように、関係代名詞は主格・目的格・所有格によって語句を使い分けます。

	主格	目的格	所有格
人	who	whom	whose
物・動物	which	which	whose
人・物・動物	that	that	—

関係代名詞の前に「人」がくるか「物・動物」がくるかで格の形も変わります。

55 関係代名詞②
——主格の関係代名詞——

先行詞 + who(which, that) + 動詞〜
  I have a friend <u>who</u> comes from Rome.
  (私には、ローマ出身の友達がいます)

ここでは、主格の関係代名詞に焦点をあてます。
主格の関係代名詞は、節の中で主語の働きをします。つまり、主格の関係代名詞の後には必ず「動詞」がきます。
先行詞とは、関係代名詞が修飾する名詞などのことをいいます。
上の例文では、a friendが先行詞です。

練習してみましょう。先行詞を指摘して下さい。
① There are a lot of children who don't have anything to eat all over the world.
  (世界中には食べるもののない子供達がたくさんいます)
② The meeting which was held yesterday was a success.
  (昨日開いた会議は成功でした)
③ He owns the dog that rescued the child.
  (彼は子供を助けた犬を飼っています)

①は、先行詞childrenが人なので、関係代名詞はwhoです。
all over the world「世界中で」
②は、先行詞the meetingが人ではないので、関係代名詞はwhichです。thatでもOKです。suceed「成功する」success「成功」です。
③は、先行詞the dogが「人」ではないので、関係代名詞はwhichとthat両方ともOKです。この文ではthatが使われています。

例文です。

---

① Is there anyone <u>who</u> has not been introduced yet?
　（まだ紹介されていない人はいますか）
② He <u>who</u> fights and runs away, may live to fight another day.
　（諺：負けるが勝ち）
③ Do you know the girl <u>who</u> is singing now?
　（今歌っている女の子を知っていますか）
④ The book <u>which</u> is on the desk is mine.
　（机の上にある本は私のです）
⑤ The hand <u>that</u> rocks the cradle rules the world.
　（ゆりかごを揺らす手は世界を支配する→諺：母の力は偉大である）
⑥ All the people <u>who</u> attended the meeting were scientists.
　（その会議に出席していた人は全員科学者でした）
⑦ The policeman shot the murderer <u>who</u> was running away.
　（その警官は逃げている殺人犯に発砲しました）

---

①は先行詞がanyoneで、それを修飾しているのがwho以下です。who以下は完了形になっています。anyone who has not been introduced yet?で「まだ紹介されていない人」という意味です。完了形で、なおかつ受動態の文になっています。
②は先行詞がHeです。それを修飾しているのがwho以下で、who fights and runs awayまでがHeを修飾しています。この文は直訳すると「戦って逃げた人がまた別の日に戦いをするために生きているかもしれない」→「負けるが勝ち」という意味です。
③は先行詞がthe girlでwho以下がこれをthe girlを修飾しています。進行形の文で「今歌っている女の子」と訳します。

④は先行詞がthe bookで人ではないので、関係代名詞はwhichを用いています。このthe bookを修飾しているのはwhich is on the deskまでです。「机にある本」と訳します。

⑤は諺です。先行詞はthe handで、that rocks the cradle「ゆりかごを揺らす」がthe handを修飾しています。rockとは「揺らす」という意味で、cradleは「ゆりかご」という意味です。rockには「岩」という意味もあります。lockは「カギ」「カギをかける」です。「ゆりかごを揺らす手」が主語になります。ruleは名詞としては「ルール」「規則」です。動詞としては「支配する」です。

⑥の先行詞はall the peopleです。who attended the meetingがこれを修飾しています。「その会議に出席していたすべての人々」が主語になります。

⑦の先行詞はthe murderer「殺人者・殺人犯」です。これをwho was running away「逃走している」が修飾して「逃走している犯人」がこの文の目的語になっています。policeは「警察署」「警察」です。policemanは「警察官」ですが、copとも呼ばれます。ていねいに言うとpolice officer。「打つ」は、shoot shot shotと不規則活用します。shotは名詞としても使われます。「打撃」「打つこと」ですね。

56 関係代名詞③
―― 目的格の関係代名詞 ――

先行詞＋whom(which, that)＋主語＋動詞
He is a teacher <u>whom</u> we like so much.
(彼は、私たちが大好きだと思っている先生です)

目的格の関係代名詞は、節の中で目的語の働きをします。
ですから、関係代名詞の後には必ず「主語＋動詞」がきます。
また、目的格の関係代名詞は、しばしば省略されます。
目的格の関係代名詞は、主格の関係代名詞と違い、後に主語と動詞が続くため省略されることが多いのです。
なお、「関係代名詞①」の表を覚え、正しい関係代名詞を使えるようになりましょう。先行詞が「人」であるか「物」であるかによって、該当する関係代名詞は変わります。

例文です。

① This is the woman <u>whom</u> I met yesterday at the store.
(この女性は私が昨日そのお店で会った人です)
② This is the kitten <u>which</u> she gave me.
(これは彼女からもらった子猫です)
③ Kyoto is the most beautiful city <u>that</u> I have ever visited.
(京都は私が今まで訪れた街の中で1番美しい街です)
④ Is that the man <u>whom</u> you spoke of yesterday?
(あの男の人はあなたが昨日話していたひとですか)
⑤ That is the house <u>which</u> my cousin lives in.
(あれは私のいとこが住んでいる家です)

> ⑥ He is the only man <u>whom</u> I relied upon.
> （彼は私が信用していた唯一の人です）

①の先行詞はthe womanです。whom I met yesterday at the storeがこれを修飾しています。ですから、「私が昨日その店で会った女性」がこの文の目的語になります。

②の先行詞はthe kitten「子猫」です。関係代名詞はwhichがきます。which she gave me「彼女が私にくれた」がthe kittenを修飾しています。

③の先行詞はthe most beautiful cityです。このように、最上級の形のthe bestなどが先行詞になる場合、関係代名詞thatを用いることが多いです。このthe most beautiful cityを修飾しているのがthat I have ever visited「私が今まで訪れた」です。合わせて「私が今まで訪れた中で最も美しい都市」となります。

④の先行詞はthe manです。これを修飾しているのがwhom you spoke of yesterdayです。
speak of〜で「〜について話す」という意味です。

⑤の先行詞はthe houseなので関係代名詞はwhichです。Which my cousin lives inがthe houseを修飾して、「私のいとこが住んでいる家」という意味になります。

⑥の先行詞はthe only manです。whom I relied uponがこれを修飾しています。ですから、「私が頼りにしていたたった一人の人物」という意味になります。

なお、関係代名詞の目的格は後に主語＋動詞がくるので、省略が可能だということを前述しました。上の6つの例文もすべて関係代名詞を省略することができます。

57 関係代名詞④
——所有格の関係代名詞——

先行詞＋whose＋名詞～
Look at the church <u>whose</u> roof is blue.
(青い屋根の教会を見てごらん)

ここでは、所有格の関係代名詞について説明します。
所有格の関係代名詞は、先行詞が人・動物・ものに関わらずwhoseを用います。whoseはwhoの所有格です。

> <u>関係代名詞whoseの後には、必ず名詞がきます。</u>
> whose以下の文は、先行詞を修飾します。

例文です。

① He saw a girl <u>whose</u> eyes are blue.
　(彼は青い目をした少女に会いました)
② I have a friend <u>whose</u> uncle is an artist.
　(私には、芸術家のおじさんをもった友達がいます)
③ A girl <u>whose</u> hair was red visited me.
　(赤い髪の毛の少女が私のところに来ました)
④ There is a house <u>whose</u> roof is red.
　(赤い屋根の家があります)

①②③の先行詞は「人」です。④は人ではありませんが、所有格の先行詞は人でも物でもwhoseを使います。

上の例文の①を例に挙げて文の成り立ちをみてみましょう。

> ① He saw a <u>girl</u>.
> ＋
> ② <u>Her eyes</u> are blue.
> ↓
> He saw a girl <u>whose</u> eyes are blue.

②Herはsheの所有格なので、関係代名詞もwhoの所有格であるwhoseになります。

もう少し例を挙げましょう。

> ① This is the girl <u>whose</u> mother died last week.
>   (こちらは先週母親が亡くなった女の子です)
> ② I know a woman <u>whose</u> diamond ring cost 500 million yen.
>   (私は5億円もするダイヤの指輪を持っている女性を知っています)

①はThis is the girl.と Her mother died last week.の2つの文を1つにした文です。2つの文をつなぐ関係代名詞は所有格のwhoseをherの代わりに持ってきます。先行詞はthe girlで、それをwhose以下の文が修飾しています。
②はI know a woman. とHer diamond ring cost 500 million yen.が1つの文になったものです。2つの文をつなぐ関係代名詞は所有格のwhoseをherの代わりに使います。先行詞はa womanで、それをwhose以下の文が修飾しています。

58 間接疑問文
――語順にご用心――

① I know <u>what</u> this is.
② <u>What</u> is this?

二つの文の違いがわかりますか?
①は、疑問詞のついた疑問文が動詞knowの目的語になった文です。こういった文を<u>間接疑問文</u>といいます。
②は、疑問詞が先頭にきて疑問文を作っています。こういった文を<u>直接疑問文</u>といいます。
ここでは、疑問詞つきの疑問文が文の一部になるという、間接疑問文について説明します。
下線部の前後に注意して、次の例文を見てください。

間接疑問文 I knowなど+疑問詞+<u>主語</u>+<u>動詞</u>
① I know <u>what</u> she has.
（私は彼女が何を持っているのかを知っています）
② Do you know <u>who</u> he is?
（あなたは彼が誰だか知っていますか）
③ I don't know <u>where</u> he lives.
（彼がどこに住んでいるのか私は知りません）
④ I know <u>when</u> he started.
（彼がいつ出発したのか知っています）

疑問詞は上の4つ以外にもhow, whyなどが使われます。
直接疑問文ではWhere do you live?の語順ですが、これにI knowがくっつくとI know where you live.となり、where以下は肯定文の語順になります。

また、この場合whereの前がI knowというように肯定文ですが、これがDo you knowが前につくとDo you know where you live?というように、liveの後に「?」がつきます。
「?」がつくのは疑問詞があるからではなく、Do you 〜?と疑問文だからです。

色々な間接疑問文を紹介しましょう。

> ① I didn't know <u>who</u> touched me on the shoulder in the dark.
> (暗闇で誰が私の肩をさわったのかわかりませんでした)
> ② I didn't understand <u>what</u> the speaker said.
> (演説者が何を言ったのか理解できませんでした)
> ③ Could you explain <u>how</u> the subway accident happened?
> (地下鉄事故がどのように起きたのか説明してくださいませんか)
> ④ Do you know <u>where</u> this address is?
> (この住所がどこかご存知ですか)

①は、whoを用いた間接疑問文です。
whoの後にはtouched meがあり、主語+動詞の形になっていますね。また、touch A on the shoulderで「Aの肩にさわる」という意味です。
②は、whatを用いた間接疑問文です。
これもwhat the speaker saidとなり、whatの後は主語+動詞の順になっています。
③は、howを用いた間接疑問文です。
howの後にはthe subway accident happenedというように主語+動詞の順できています。文頭はCould you…からはじまっている

ので最後に「?」がついています。
④は、whereを用いた間接疑問文です。
where の後にはthis address isのように主語+動詞の順番になっています。whereの前がDo you knowから始まる疑問文になっていますので、最後に「?」がついています。

59 付加疑問文
──「〜ですよね」──

① That is the bear, <u>isn't it?</u> ↘
　（あれは熊ですよね）
② You don't like her, <u>do you?</u> ♪
　（あなたは彼女好きではないですよね）

「〜ですよね」「〜ではないですよね」と念を押したり、同意を求めたりする文を、付加疑問文といいます。
①は、文のおしりに疑問文[isn't it?]があります。
isn't はis notの短縮形ですが、付加疑問文にはis not it?のようには使わないので注意してください。あくまでも短縮形を使ってください。
②は、前の文が否定文なので、付加疑問文は肯定文がきています。
まとめると次のようになります。
前文が肯定のときは、付加疑問文は否定の<u>短縮形＋主語?</u>の形
前文が否定のときは、付加疑問文は<u>肯定形＋主語?</u>の形

では、付加疑問文で尋ねられた時、どのように答えればよいのでしょうか。

① You love me, <u>don't you?</u> ♪
　（あなたは私を愛しているのですね）
　愛している場合　→Yes, I do.（はい、愛しています）
　愛していない場合→No, I don't.（いいえ、愛していません）
② You don't love me, <u>do you?</u> ↘
　（あなたは私を愛していないのですね）
　愛している場合　→Yes, I do.（いいえ、愛しています）

> 愛していない場合→No, I don't.(はい、愛していません)

①と②を比べると、前の文が肯定文と否定文という違いがあります。これによって、答えと意味も変わってきます。
日本語の「愛していないのですね」という訳を思い浮かべると、「いいえ、愛しているよ」となるのですが、これにつられて英語もNo, I don't.としてしまっては大問題です。これは「はい、愛していません」という意味になってしまいます。
<u>問いの形に関係なく、答えの内容が肯定ならYes, 否定ならNoと答えてください。</u>
上の例でいえば、愛していれば Yes, 愛していなければNoというわけです。

例文です。

```
① You are not coming to the meeting, are you? ↘
   (会議にはこられないのですね)
   行ける場合 ：Yes, I am.
   行けない場合：No, I'm not.
② You are kidding, aren't you? ↗
   (冗談でしょ)
③ It's fine day, isn't it? ↗
   (良い天気ですね)
④ It wasn't your day, was it? ↘
   (今日はついてなかったね)
```

①は前が否定文、付加疑問文が肯定の形になっています。この場合、答え方が重要です。
付加疑問文の答えは日本語で訳して考えてしまうと混乱しがちです。聞かれたことに対して「する」場合はYes、「しない」場合

はNoと覚えましょう。
②③④は、付加疑問文を用いた慣用表現です。念を押す意味で最後に付加疑問をつけています。
②kidは、動詞「からかう・かつぐ」という意味です。No kidding!で「冗談でしょう」という表現もあります。
④は、相手をなぐさめる場合に用いる表現です。前の文が否定文なので、付加疑問文は肯定のwas it?（↘）になります。

60 否定
——否定はnotだけではない!——

not「全く〜ない」
no＋名詞・代名詞「全く〜ない」
nothing「何も〜ない」
nobody「だれも〜ない」
few, little「ほとんど〜ない」
never「決して〜ない」

否定語といってすぐに思い浮かぶのはnotではないでしょうか。実は、上の例文のようにno, neverなど否定語の種類は多いのです。

色々な否定語を用いた例文を紹介しましょう。

① My son did <u>not</u> want to show me his school report.
（息子は私に通知表を見せたがりませんでした）
② They had <u>no</u> children.
（彼らには子供がいませんでした）
③ <u>Nobody</u> could answer the question.
（誰もその質問には答えられませんでした）
④ There is <u>nothing</u> to be afraid of.
（何も怖がることはありません）
⑤ <u>Few</u> children were in the room.
（部屋には子供がほとんどいませんでした）
⑥ He has very <u>little</u> money.
（彼はほとんどお金を持っていません）
⑦ I will <u>never</u> forget your kindness.
（あなたのご親切は決して忘れません）

①notは、be動詞や一般動詞・助動詞などを否定する場合に用いられます。
②noは、後に名詞や代名詞を伴って「全く〜ない」という意味を持ちます。
③nobodyは、「だれも〜ない」という意味です。人に対して用います。
④nothingは、「何も〜ない」という意味で、物について用います。
⑤few ＋数えられる名詞「ほとんど〜ない」
⑥little ＋数えられない名詞「ほとんど〜ない」
⑦neverは、notよりも強い否定を表します。

もう少し、否定語を用いた例文をみてみましょう。

---

① Though my mother is a good pianist, I can<u>not</u> read music at all.
（私の母親はピアノが上手ですが、私は楽譜も全く読めません）

② <u>No</u> news is good news.
（諺：便りのないのはよい便り）

③ I heard <u>nothing</u> from him.
（彼からは何の連絡もありません）

④ <u>Nobody</u> else came to help me.
（だれ１人として私を助けに来てくれませんでした）

⑤ I have <u>little</u> knowledge about the international situation.
（私は国際情勢についてほとんど知りません）

⑥ Such examples are <u>few</u>.
（そのような例はほとんどありません）

⑦ I have <u>never</u> been to Europe.
（私は今までに１度もヨーロッパに行ったことがありません）

①not at all「全く〜ない」
②newsという単語については、newにsが付いたと考える説、north east west southの頭文字を取ったと考える説、の2つの説があります。
③hear from 〜「〜から手紙をもらう」
④ではNobodyの後にelseが用いられています。elseとは形容詞で「その他の」という意味があります。このelseはNobodyをより強調する働きをしています。
⑤knowledgeが数えられない名詞なのでlittleがきています。直訳すれば「私は国際情勢についてほとんど知識がありません」となり、「私は国際情勢についてほとんど知らない」と訳します。
⑥exampleは数えられる名詞なのでfewが使われています。
⑦のように、neverは完了形の中で使われると「〜したことがない」と経験の否定を表します。

61 部分否定
―― 「あまり〜ではない」 ――

not very	「あまり〜ではない」
not all, not〜every	「すべてが〜というわけではない」
not always	「いつも〜とはかぎらない」
not〜both	「両方とも〜というわけではない」
not necessarily	「必ずしも〜ではない」

否定といっても、必ずしもすべてを否定することばかりではありません。「あまり〜ではない」という表現をすることがあります。これが部分否定です。

例文です。

① He is <u>not</u> a <u>very</u> good swimmer.
（彼は泳ぎはあまりうまくありません）
② She did <u>not</u> answer <u>all</u> the questions.
（彼女はすべての質問に答えたわけではありませんでした）
③ <u>Every</u> girl can<u>not</u> be a ballerina.
（すべての女の子がバレリーナになれるわけではありません）
④ I'm <u>not always</u> free on Sundays.
（日曜日がいつも暇なわけではありません）
⑤ I don't want <u>both</u> dictionaries.
（この辞書両方は必要ではありません→どちらか1冊だけでいいです）
⑥ Beautiful flowers do <u>not necessarily</u> smell sweet.
（美しい花が必ずしもよい香りがするわけではあ

りません)

①を直訳すると、「彼は上手に泳ぐ人ではありません」ですが、「彼はあまり泳ぎがうまくありません」と訳したほうが日本語として自然ですね。
②not 〜 all「すべて〜したわけではない」
③not 〜 everyで「すべてが〜というわけではない」といいましたが、everyが最初にきてevery〜notという形であらわすこともあります。
④freeという形容詞にはいろんな意味があります。「自由な」「ひまな」「無料の」などです。
⑤を直訳すると、「両方の辞書は欲しくはありません」ですが、これを自然な日本語にすると「どちらか1冊の辞書でいいです」となります。
⑥動詞smellは「〜の香りがする」という意味です。日本の冷蔵庫脱臭剤に「ノンスメル」というのがあります。私は、この商品が新製品として出てきた時に、驚きました。すると、odour eater オドイーターという新たな商品が売り出されました。「臭い食い」という訳です。また驚きました。odourまたはodorは「におい」という名詞で、eaterは「食べる人」なので、「においを食べて消す」製品なのです。

練習問題です。これまでの内容をふまえて、( )に適当な語を入れて下さい。
① It is ( ) very cold today.
   (今日はあまり寒くありません)
② Not ( ) the boys are fond of baseball.
   (すべての少年が野球を好きだというわけではありません)
③ I don't play the piano ( ) day.
   (私は毎日ピアノの練習をするわけではありません)
④ Clever people do not ( ) succeed.
   (賢い人たちがいつも成功するとはかぎりません)

⑤ I ( ) like both of the girls.
（私はその女の子を2人とも気に入っているわけではありません）
⑥ Large houses are not ( ) comfortable to live in.
（大きな家が必ずしも住み心地がいいとはかぎりません）

＜解答＞
① not not very「あまり～ではない」
② all not all「すべてが～というわけではない」
③ every not～every「すべてが～というわけではない」
④ always not always「いつも～とはかぎらない」
cleverはsmartとほぼ同じ意味です。wiseは「賢明な」「そう明な」という非常によい意味です。
⑤ don't not～both「両方とも～というわけではない」
⑥ necessarily not necessarily「必ずしも～ではない」
どれも実際によく使われる表現です。
覚えて、使ってみましょう。

62 前置詞①
―― at, by ――

Turn right <u>at</u> the next corner.
(次の角で右に曲がれ)
I know the girl standing <u>by</u> the gate.
(私は、門のそばに立っている少女を知っている)

[at]

① 狭い場所「～で、～に」
Could I ask you to give a speech <u>at</u> the reception?
(披露宴でスピーチをお願いしたいのだけど)
He was standing <u>at</u> the gate.
(彼は門の所で立っていました)

② 時の一点「～で、～に」
Let's meet <u>at</u> the corner at five o'clock.
(あの角で5時に会いましょう)
He came to school <u>at</u> eight.
(彼は8時に学校に来ました)

③ 目標・目的「～をめがけて、～に向かって」
He threw a stone <u>at</u> the dog.
(彼はその犬をめがけて石を投げつけました)
What are you looking <u>at</u>?
(何を見ているのですか)

④ 原因「～に、～を聞いて」
I was surprised <u>at</u> the news.
(私はその知らせを聞いて驚きました)
He was angry <u>at</u> our reply.

（彼は私たちの返事を聞いて腹を立てました）

⑤ 値段「〜で」
I sold the car at a good price.
（私はその車を良い値で売りました）
I bought these shoes at $20, but they may cost more now.
（私はこの靴を20ドルで買いましたが今ではもっとするかもしれません）

|by|

① 場所「〜のそばに」
Don't stand by the door.
（ドアのすぐそばに立ってはいけませんよ）
Come and sit by me.
（ここへ来て私のそばに座りなさい）

② 行為者「〜によって」
The wall was painted by my sister.
（その壁は妹によって塗られました）
I've been deceived by the man for a long time.
（私は長い間その男にだまされていました）

③ 方法・手段「〜で」
She usually goes to school by bicycle.
（彼女はたいてい、自転車で学校にいきます）
He let me know by letter.
（彼は手紙で私に知らせてくれました）

④ 期限「〜までに」
Can you finish the work by tomorrow morning?
（明日の朝までにその仕事を終えられますか）

63 前置詞②
―― for, on ――

I bought this book <u>for</u> him.
(私は彼のためにこの本を買った)
The boy is standing <u>on</u> the desk.
(その少年は机の上に立っている)

<u>for</u>

① 時間・距離「〜の間」
She was absent from school <u>for</u> three days because of her sick.
(彼女は病気のために3日間学校を休みました)
I stayed with him <u>for</u> a week.
(私は彼の家に1週間泊まりました)

② 「〜にとって」
Fortunately <u>for</u> me, the train was late, too.
(私にとって運のいいことに、列車も遅れていました)

③ 利益・目的「〜のために」
Let's go <u>for</u> a swim.
(泳ぎにいきましょう)
Smoking is bad <u>for</u> your health.
(たばこは身体に悪いです)

④ 「〜の代わりに」
She spoke <u>for</u> her classmates.
(彼女はクラスメートを代表して話しました)
He used to use a box <u>for</u> a table, because he was poor.
(彼は貧しかったのでテーブルの代わりに箱を使っていました)

⑤ 目的地「〜に向かって」
He left New York <u>for</u> Los Angeles.
(彼はロサンゼルスに向けてニューヨークを発ちました)

⑥ 「〜として」
What will we have <u>for</u> dinner?
(夕食は何にするつもりですか)

⑦ 原因・理由「〜で」
The village is famous <u>for</u> its old castle.
(その村は古城で有名です)

|on|

① 接触「〜に、〜の上に」
There is a mosquito <u>on</u> the ceiling.
(天井に蚊がとまっています)
Pictures were painted even <u>on</u> the ceiling.
(絵は天井にまでも描かれていました)

② 日付「〜に」
I was born <u>on</u> November 14.
(私は11月14日生まれです)

③ 状態「〜して、〜の状態で」
We saw a big boat <u>on</u> fire.
(私たちは大きな船が燃えているのを見ました)
Those articles are now <u>on</u> sale.
(それらの品物はただいま売り出し中です)

④ 「〜について、〜に関して」
The professor lectured <u>on</u> Chinese history.
(教授は中国の歴史について講義しました)

64 前置詞③
―― of, in ――

My uncle died <u>of</u> stomach cancer.
(私のおじは胃がんで死んだ)
I was born <u>in</u> Toyonaka city.
(私は豊中市に生まれた)

of

① 所有・所属「〜の」
A leg <u>of</u> the table was broken.
(テーブルの足が壊れてしまいました)
Blue, white and red are the three colors <u>of</u> the French flag.
(青、白、赤はフランス国旗の三色です)

② 部分「〜の中で、〜の中の」
Some <u>of</u> the students like Physics very much.
(生徒の中には物理学が好きな者もいます)
Some <u>of</u> them are from Japan.
(彼らの中には日本出身の者もいます)

③ 同格「〜という、〜の」
I abandoned my hope <u>of</u> becoming president.
(私は社長になるという夢をあきらめました)

④ 材料・構成「〜から成る、〜で作った」
New Zealand is a country <u>of</u> two islands.
(ニュージーランドは2つの島から成る国です)
Japanese houses are usually built <u>of</u> wood.
(日本の家屋はたいてい木造です)

⑤ 分量「〜の」
You need a piece of wood and a sheet of newspaper.
（1本の木と1枚の新聞紙が必要です）

[in]
① 場所・位置「〜の中で、〜に」
I found a cat in the box.
（私は箱の中にいる猫を見つけました）

② 月・季節・年「〜の間に・〜に」
The system was introduced from America in 1990.
（その制度は1990年にアメリカから導入されました）

③ 時間の経過「〜たって、〜のうちに」
I will be ready in five or six minutes.
（私は5、6分のうちに用意できます）
Can you finish the work in an hour?
（あなたはその仕事を1時間で終えられますか）

④ 方法・手段「〜で」
You count in a different way from us.
（あなたは私たちとは違う方法で数えます）
Please speak in Japanese.（日本語で話してください）

⑤ 状態・形状「〜で、〜の状態で」
My grandfather is in good health.
（私の祖父は健康です）
The students were standing in line.
（生徒達は1列に並んで立っていました）

⑥ 服装「〜を着て」
Who is that man in the brown coat?
（茶色のコートを着ているあの男は誰ですか）

65 前置詞④
―― to, with ――

This book belongs <u>to</u> me.
(この本は私のです)
I wanted to discuss the mater <u>with</u> him.
(私はその問題について彼と話し合いたかったです)

to

① 到着点・方向「～へ・～に」
I'll go <u>to</u> the library tomorrow.
(明日図書館に行くつもりです)
Lots of people criticize her for coming late <u>to</u> the office.
(多くの人が彼女は会社にくるのが遅いと非難しています)

② 対象「～へ、～に、～に対して」
He displayed his new bicycle <u>to</u> his friends.
(彼は友達に対して新しい自転車を見せびらかしました)
If you are a good example <u>to</u> your children, they will respect you.
(もしあなたが自分の子供にとってよい手本であれば、子供たちはあなたを尊敬するでしょう)

③ 到達点「～まで」
I couldn't watch the horror movie <u>to</u> the end.
(私はそのホラー映画を最後まで見られませんでした)
I usually watch television from nine <u>to</u> ten.
(私はたいてい9時から10時までテレビを見ます)

④ 「～に属する」
This is the key <u>to</u> Room 302.
(これは302号室の鍵です)

with

① 同伴「〜といっしょに」
I went shopping <u>with</u> my mother yesterday.
（私は昨日母と買い物に行きました）
I sometimes prefer being alone to being <u>with</u> my friend.
（私は時々友達と一緒にいるよりも１人でいたいと思うことがあります）

② 「〜と、〜を相手に」
A young man is talking <u>with</u> her.
（若い男の人が彼女と話しています）

③ 手段・道具「〜で・〜を用いて」
Cut it <u>with</u> a knife.
（ナイフでそれを切りなさい）
Please write <u>with</u> a pen.
（ペンで書いてください）

④ 材料「〜で」
She filled the bottle <u>with</u> water.
（彼女はびんを水で一杯にしました）
The top of the mountain is covered <u>with</u> snow.
（その山の頂上は雪で覆われていた）

⑤ 所有「〜をもっている、〜がある」
I don't know that girl <u>with</u> blue eyes.
（私は青い目をしたあの女の子を知りません）
He came <u>with</u> a letter in his hand.
（彼は手紙を手にしてやってきました）

⑥ 対象「〜に関して、〜について」
What's the matter <u>with</u> you?
（どうしましたか）

66 前置詞⑤
―― from, over ――

This passage is <u>from</u> the Bible.
(この一節は聖書からの引用です)
He has no control <u>over</u> himself.
(彼は自制心がありません)

[from]

① 起点「〜から」
He works <u>from</u> ten. (彼は10時から働きます)
We go to school <u>from</u> Monday to Friday.
(私たちは月曜日から金曜日まで学校に行きます)

② 原料「〜からつくられる」
What is bread made <u>from</u>?
(パンは何から作られますか)
The bird shaped its nest <u>from</u> mud and sticks.
(その鳥は泥と小枝で巣を作りました)

③ 出所「〜出身の」
Where are you <u>from</u>? (出身はどちらですか)

④ 原因「〜のために」
He died <u>from</u> a wound. (彼は傷がもとで死にました)
He was tired <u>from</u> the hike.
(彼はハイキングで疲れていました)

⑤ 分離「〜から」
The town is three miles away <u>from</u> here.
(その町はここから3マイル離れたところにあります)

He wanted to live in a place not far <u>from</u> his office.
(彼は仕事場からそう遠くないところに住みたいと思いました)

[over]
① 位置「〜の上に」
There is a bridge <u>over</u> the river.
(その川には橋がかかっています)
She wore a coat <u>over</u> her dress.
(彼女は服の上にコートを着ていました)

② 支配「〜を支配して」
He reigned <u>over</u> his country for ten years.
(彼は10年間国を治めました)

③ 期間「〜の間中」
The sick man won't live <u>over</u> twenty-four hours.
(その病人の命も24時間以上は持たないでしょう)
I'm going to stay here <u>over</u> the weekend.
(私は週末いっぱいずっとここに滞在するつもりです)

④ 「〜を越えて・〜以上」
The dog jumped <u>over</u> the wall.
(犬が塀を乗り越えました)
My house is just <u>over</u> the hill.
(私の家はあの山を越えたところにあります)

⑤ 「〜より多く」
My father is already <u>over</u> sixty.
(父はすでに60歳を越えています)
The bridge is <u>over</u> five miles long.
(その橋は長さが5マイル以上あります)

67 前置詞⑥
―― above, beyond, under, below, off ――

This book is <u>above</u> me.
(この本は私には難しすぎます)
The temperature was five degrees <u>below</u> zero.
(気温は零下5度でした)

above

① 位置「～より上に」
The tree stands <u>above</u> the roof.
(その木は屋根よりも高く立っています)
I flew <u>above</u> the clouds.
(私は雲の上を飛びました)

② 能力「～を超えて」
His conduct is always <u>above</u> suspicion.
(彼の行為は常に疑いなどさしはさむ余地はありません)

beyond

① 位置「～の向こうに」
I could see the town <u>beyond</u> the river.
(川の向こうにその町が見えました)
They went <u>beyond</u> the sea.
(彼らは海を渡って行きました)

② 程度「～以上に」
The problem is <u>beyond</u> me.
(その問題は私には難しくてわかりません)
Such things are <u>beyond</u> my ability.
(そんなことは私の能力ではできません)

| under |

① 下方「〜の下に」
There is a cat <u>under</u> the table.
(テーブルの下に猫がいます)
A rat ran out from <u>under</u> the table.
(ねずみが1匹テーブルの下から走り出てきました)

② 従属「〜の支配下に」
We cannot bear being <u>under</u> the rule of a dictator.
(私たちは独裁者の支配には耐えられません)
She is studying literature <u>under</u> her professor.
(彼女は教授のもとで文学を勉強しています)

| below |

① 位置「〜より下に」
The sun went <u>below</u> the horizon.
(太陽が地平線の下に沈みました)

② 数量「〜以下の」
Children <u>below</u> the age of 16 are not allowed to see this film.
(16歳以下の子供はこの映画を見てはいけません)

| off |

① 分離「〜から離れて」
He fell <u>off</u> his horse.
(彼は馬から落ちました)
A button has come <u>off</u> my shirt.
(ボタンがシャツから取れました)

② 位置「〜から離れたところに」
Keep <u>off</u> the grass.
(芝生に入らないでください)

68 前置詞⑦
――into, about, around, through――

The frog jumped <u>into</u> the pond.
(かえるが池の中へ飛び込みました)
He will stay here <u>through</u> the summer.
(彼は夏中ここにいるでしょう)

into

① 方向「～の中に」
Come <u>into</u> my room.
(私の部屋に入りなさい)

② 変化「～に変わって」
The rain turned <u>into</u> snow.
(雨が雪になりました)
The glass broke <u>into</u> pieces.
(グラスが粉々に割れました)

about

① 場所「～のまわりに・～のあちこちに」
She walked <u>about</u> the town for a while.
(彼女はしばらくその町をあちこち歩き回りました)
Look <u>about</u> you.
(周りをみてごらんなさい)

② 関連「～について」
They are talking <u>about</u> money again.
(彼らはまたお金のことについて話しています)
Why do you always complain <u>about</u> my work?
(どうしてあなたはいつも私の仕事に文句をつけるのですか)

③ 近似「およそ」
I got up <u>about</u> six.
（私は6時ごろ起きました）
<u>About</u> one hundred people were killed in this accident.
（この事故で100人ほどの方が亡くなりました）

around

① 運動「～のまわりを」
The moon turns <u>around</u> the earth.
（月は地球の周りをまわっています）
They sailed <u>around</u> the world.
（彼らは船で世界一周しました）

② 分散「～のあちこちに」
Our tour conductor said that there are many thieves <u>around</u> here.
（ツアーガイドの人がこのあたりにはたくさん泥棒がいると言いました）
He traveled <u>around</u> the country.
（彼は国中を旅しました）

through

① 貫通「～を通って」
The river flows <u>through</u> our city.
（その川は私たちの町を流れています）
He came in <u>through</u> that door.
（彼はあのドアから入ってきました）

② 「はじめからおわりまで」
I sat <u>through</u> the school concert.
（私は校内コンサートを最後まで聞きました）

69 国名
―― JapanとJapanese ――

We speak Japanese in Japan.
(私たちは日本では日本語を話します)

「日本」という国はJapanといいますが、「日本語」「日本人」という場合はJapaneseといいます。このように、世界の国も「国名」と「国語・国民」の名前が異なります。
「国名」と「国語・国民」の名称についてみていきましょう。

	国名	国語・国民
日本	Japan	Japanese
中国	China	Chinese
韓国	Korea	Korean
インド	India	Indian
タイ	Thailand	Thai
イギリス	England	English
フランス	France	French
ドイツ	Germany	German
スペイン	Spain	Spanish
スイス	Switzerland	Swiss
イタリア	Italy	Italian
ギリシャ	Greece	Greek
トルコ	Turkey	Turkish
ロシア	Russia	Russian
アメリカ	America	American
カナダ	Canada	Canadian
メキシコ	Mexico	Mexican
オーストラリア	Australia	Australian
ブラジル	Brazil	Brazilian

ここに挙げた国は世界の国のほんの一部の国です。普段いろいろな国のことを口にすることは多いですが、このようにスペリングを書くという機会は少ないでしょう。
例文です。

> ① In <u>Britain</u>, the railroads are controlled by the state.
> （イギリスでは、鉄道は国によって管理されています）
> ② How was a trip to <u>Greece</u>?
> （ギリシャへの旅はどうでしたか）
> ③ I am going to take him on a tour of <u>France</u>.
> （私はフランスへの旅行に彼を連れて行くつもりです）
> ④ Beijing is the capital of <u>China</u>.
> （北京は中国の首都です）
> ⑤ I've always thought that <u>English</u> is difficult.
> （これまでずっと私は英語が難しいものだと思っていました）
> ⑥ Young girls are fond of <u>Italian</u> food.
> （若い女性はイタリア料理が好きです）

③be going to ～「～するつもりだ」
④capitalは「首都」という意味です。例えば「愛知県の県庁所在地はどこですか」という場合は、
What is the capital city of Aichi Prefecture?
といいます。
the capital cityは「県庁所在地」です。
capital「中心地」という意味もあります。
⑤のEnglishは、国語名の「英語」という意味です。
⑥ではItalian foodで「イタリア料理」という意味です。このように、Italianには「イタリア語」「イタリア人」以外にも「イタリアの」という意味があります。これは他の国についても同じです。
メキシコ料理ならMexican foodといいます。

70 英会話 使える表現①
―― あいさつ ――

Nice to meet you.
(はじめまして)

日常英会話の中で特に挨拶の場面を抜き出して、使える表現をまとめました。

人と会ったときにはどのような会話をしますか?
初めて会ったときには「はじめまして」、知っている人に会ったときには「調子はどう?」といった具合ですね。

- はじめまして
  Nice to meet you.
  How do you do?
- やあ、どう元気
  Hi, how are you?
- 元気です
  I'm all right.
- お久しぶりですね
  Good to see you again.
- どうしていましたか
  How have you been?
- いかがお過ごしですか
  How are you getting along?
- 調子はどう?
  How's everything?
- 何か変わったことはないですか
  What's new?
- 別に
  Nothing in particular.

●ご家族はいかがですか
　How is your family?
●お会いできてうれしいです
　I'm glad to meet you.

「〜はどうですか?」の表現にhowを使うことが多いようですね。

友人を連れていて、自分の知り合いに会った場合、どのような表現をするのでしょうか。
●私の友人の由美を紹介したいのですが
　I'd like to meet a friend of mine, Yumi.
誰かを連れている場合、きちんと紹介することで、コミュニケーションが深まっていくでしょう。

●昨日は失礼しました
　I'm sorry about yesterday.
●時間を作ってくださってありがとうございます
　Thank you for making time for me.
わざわざ自分と会う時間を作ってもらった場合、上のように言ってから話を始めるのとそうでないのとでは印象が変わってくるでしょう。

別れの場面の表現です。
●ご家族の方によろしく
　My best regards to your family.
　regardは「関係」「尊敬」
　Please give my best regards to your family.とも言います。
●お母様によろしくお伝えください
　Say hello to your mother.
　直訳すると「あなたのお母さんにハローを言ってくれ」になりますね。
●お会いできるのを楽しみにしています
　I have been looking forward to seeing you.

look forward to 動詞ingで「〜することを楽しみにする」
- ●今日は楽しかったです
I had a great time with you.
- ●ではよい一日を
Well, have a nice day.
- ●ではこれで失礼します
Now, I have to say good-bye.
- ●残念ですが、おいとましなくては
I'm afraid I must be going now.

must be goingのところは、助動詞と進行形が連結した形になっています。
- ●お会いできてよかったです
I'm glad to have met you.
- ●また後で話しましょう
Catch you later.
- ●またね
See you.
- ●お元気で
Take care!

take care of yourself.の省略形です。一般的には、「お元気で」という意味です。ただ、相手が病人の場合「お大事に」になります。

71 英会話 使える表現②
―― 電話 ――

Hello, this is Lisa speaking.
(もしもし、こちらはリサです)

電話をかける時、もしくは受ける場面の表現からみていきましょう。
- もしもし、ゼネラル貿易ですか?
  Hello, is this General Trading Company?
- こちらはゼネラル貿易です
  Hello, this is General Trading Company.
- もしもし、トムさんをお願いします
  Hello. May I speak to Tom?
- 内線の123番をお願いします
  Extension one, two, three, please.
- どちら様でしょうか―ホワイトです
  Who's calling, please? ― This is White speaking.
- 番号をお間違えのようです
  I'm afraid you have the wrong number.

電話がつながりました。受け手と掛け手の表現です。
- トーマスさんにつなぎますね
  I will get Mr. Thomas.
- 内線の123番につなぎます
  I'll connect you to extension one, two, three.
- 切らずにそのままお待ちください
  Hold on.
  Hold the line, please.
- 先ほどお電話いただいた山本です
  This is Yamamoto returning your call.

● 2、3分お話ししてよろしいでしょうか
　May I talk to you for a few minutes?

電話がつながりました。でも、先方は電話にでられないようです。
● ホワイトは今日休みです
　Mr. White has taken the day off.
● ホワイトは外出中です
　Mr. White is out of the office.
● ホワイトは今席を外しています
　Mr. White is not here right now.
● ホワイトは今会議中です
　Mr. White is in a meeting.
● 山本は今手が離せないようです
　Mr. Yamamoto cannot come to the phone right now.
● 午後3時ごろまでに戻ります
　He will be back by three o'clock.
● すみません。ただいま話し中です
　Sorry, the line is busy now.
● 携帯電話におかけください
　Please call his mobile phone.

不在の先方に伝言を頼む、頼まれる場合の表現です。
● 折り返し彼に電話させましょうか
　Shall I have him call you back?
● いつごろ戻られますでしょうか
　When will he be back?
● 何か伝言でもございますか
　Would you like to leave a message?
　May I take a message?
● 山本から電話があったとお伝えください
　Please tell him that Yamamoto called.
● こちらに電話をくださるよう、お伝えください

Would you ask him to call me back?
● またあとでかけなおします
I'll call you back later.
● 緊急なのですが、連絡をとる方法はありませんか
It is urgent. Is there any way to get in touch with him?

その他、実際に使えそうな電話英会話を紹介します。
● 何時までなら電話してもいいですか
How late can I call?
電話をし直す時でも、遅すぎると失礼です。
● 彼への伝言をお願いします
May I leave him a message?
目的の相手が不在の時、電話に出てくれた人に対して、目的の相手へのメッセージを受け取ってもらう表現です。
● スケジュールを見ます
Let me look at my schedule.
● ちょっと待ってください。手帳を取りますから
Wait a second. Let me get my notebook.
● ペンを取ります
Let me get my pen.
● どなたかいらっしゃったようです
I think somebody is at the door.
● 10秒間待ってください。ガスを止めますので
Wait 10 seconds while I turn off the gas.
Turn off「スイッチなどを消す」です。
反対語は、turn onですね。
● すみません、キャッチホンが入りました
I'm afraid I have a call on another line.

72 英会話 使える表現③
―― 道案内 ――

Excuse me, but tell me the way to the Elizabeth Park.
(すみません、エリザベス公園への道をおしえてください)

海外で道に迷ってしまった場合、どのように道を尋ねればいいのでしょうか。ここで勉強し、そんな心配を解消しましょう。

- すみませんが、最寄りの駅に行く道を教えていただけませんか
  Excuse me, but could you tell me the way to the nearest station?
- 一番近い駅はどこですか
  What is the nearest station?
- 市立図書館へ行く道を教えてくださいませんか
  Can you tell me where the city library is, please?
- 京都市役所へ行く道を教えていただけませんか
  Would you tell me how to get to the town hall of Kyoto?
- あなたの会社にはどのように行ったらよいのでしょうか
  Could you please tell me how to get to your office?
- 今市役所の前にいますが、ここからどう行ったらよいですか
  I'm now in front of the city hall. Where should I go from here?
- この辺ははじめてなんです
  I'm a stranger around here.

道を聞かれて答える表現です。
- この道をまっすぐあと2ブロック行ってください
  Go straight along this street two more blocks.
- 交差点で左に曲がれば右手にありますよ
  Turn left at the corner and you'll see it on your right.
- 3つ目の角を左に曲がってまっすぐ行ってください
  Turn left at the third corner and go straight.
- 上野駅で降りてください

Please get off at the Ueno station.
- 駅の西口に出てください
  Take the west exit of the station, when you leave.
  Leave by the west exit of the station.
- 西口の改札口を出たら、2番出口から階段を上がってください
  You leave the west exit, please take the stairs up from second exit.
- その大通りを渡ってから右に曲がってください
  Turn to the right after you cross the wide street.
- 1ブロック行ったら信号を渡ってください
  Please go one block to the signal and cross the street.
- 10階建ての大きな茶色のビルの右側にある、3階建てのビルが我々の会社です
  There is a big ten-story brown building. Our company is the three-story building just to the right of it.

「まっすぐ行く」はGo straight. 「左に曲がる」がTurn left. 「右に曲がる」がTurn right. が一番基本的な表現でしょう。
もし、聞かれてもわからなければ、
I'm sorry. I' don't know.「すみません、わかりません」
と答えましょう。

- すぐわかりますよ
  You can't miss it.
- ここから遠いですか
  Is it far from here?
- 歩いてほんの10分ぐらいです
  It's only about ten minutes' walk.
- 西口からタクシーを拾ってください
  Would you please take a taxi at the west exit?

上の文は、道を聞かれて、どのくらいの距離にあるかをたずねられた場合に答える表現です。
遠い場合はタクシーに乗る、電車やバスに乗るということも考えられますね。

73 英会話 使える表現④
──ホテルのフロント──

I'd like to check out.
(チェックアウトをお願いします)

ホテルのフロントでチェックイン・チェックアウトを行う場面の会話をみてみましょう。まずはチェックインからです。

- ●予約してあります
  I have a reservation.
- ●これが予約確認書です
  This is the confirmation.
- ●予約していないのですが
  I didn't make a reservation.
- ●今夜から3泊、シングルの部屋をお願いします
  I'd like to have a single room for three nights, please.
- ●宿泊料はいくらですか
  What is the rate?
- ●シングルルームは1泊いくらからありますか
  How much is a single room for one night?
- ●もっと安い部屋はありませんか
  Is a less expensive room available?
- ●こちらにご記名いただけますでしょうか
  Would you register, please?
- ●チェックインをお願いします
  I'd like to check in.

もし、当初の予定チェックイン時刻より遅れそうな場合はすぐにホテルに連絡しましょう。
- ●飛行機が遅れたので到着が遅れます

I'll be late because the plane was late.
- 午後10時頃にはそちらに行けると思います
  I probably get there around ten p.m.

チェックイン以外の用事でフロントと話をすることもありますね。
- チェックインまで荷物を預かってもらえませんか
  Can I leave my bag here until I check in?
- 貴重品を預けたいのですが
  I'd like to ask you to keep my valuables.
- 両替してください
  Could I have change, please?
- 朝食は何時からですか
  When is breakfast served?
- もう少し広い部屋に替えてもらうことはできますか
  Can I change to a larger room, please?
- 午前10時にタクシーを呼んでください
  Please get a taxi for me at ten a.m.

ホテルをチェックアウトするときの表現です。
- チェックアウトお願いします
  I'd like to check out.
- 滞在をあと2日延ばしたいのですが
  I'd like to stay two more nights, please.
- もう1泊できますか
  Can I stay one more night?
- チェックアウトは何時までですか
  What is the check out time?
- 支払いはJCBカードでできますか
  Can I use the JCB credit card?
- 領収書をください
  Please give me a receipt.
- 私は冷蔵庫のものは何も飲んでいません

I didn't use anything from the refrigerator.
- 外線電話は使っていません
  I didn't make any phone calls.
- 預けた貴重品を出してください
  Can I have the valuables I left with you?

その他、ホテルのレストランで使える表現を紹介しましょう。
- 服装規定をおしえてください
  What is your dress code?
- ジャケットは必要ですか
  Are jackets required?
- 半ズボンでもいいですか
  Are shorts allowed?
- 7時に予約したアレンです
  I have a reservation for 7 o'clock. My name is Allen.
- すぐに食べられるものはありますか
  Are there any dishes you can serve right away?
- このワインに合うつまみはありますか
  Do you have any snack to go with this wine?
- この料理の名前は何ですか
  What is this dish called?

74 英会話 使える表現⑤
——レストラン——

Could I have a wine?
(ワインをいただけますか)

おいしいレストランで食事をしたいと思った場合はまずそのレストランを探すことからはじめることになります。
- このあたりにおいしいレストランはありませんか
  Is there a good restaurant near-by?
- 郷土料理のレストランを教えてください
  Could you recommend a good restaurant for local food?
- あまり高くないレストランを探しているのですが
  I'd like to go to an inexpensive restaurant.
- 予算は50ドルまでにしたいのですが
  I'd like to spend no more than 50 dollars.
- ここから1番近いフランス料理店はどこですか
  Where is the closest French restaurant?
- その店は何時くらいまで開いていますか
  What time do they close?

お目当てのレストランが決まったところで、予約してみましょう。
- 今晩のテーブルを予約したいのですが
  I'd like to make a reservation for tonight.

レストランに到着しました。
メニューを決める表現です。
- 予約していないのですが、テーブルはあいていますか?
  I didn't make a reservation. Can I get a seat?
- 日本語のメニューはありませんか
  Do you have a menu in Japanese?

- おすすめの料理は何ですか
  What do you recommend?
- 今日のおすすめ料理はどれですか
  What is today's a special?
- 何になさいますか
  What would you like to order, sir?
- ハムエッグをお願いします
  I'll have the ham and eggs.
- 卵はどのようになさいますか
  How would you like your eggs?
- スクランブル・エッグでおねがいします
  Scrambled, please.
- 食後は何をお飲みになりますか
  What would you like to drink later?
- ミルクを入れてください
  With milk, please.
- 飲み物のお代わりをください
  May I have another drink?

せっかく食事をしにきたのに、レストランにクレームをつけなければならないこともあります。
- 料理に髪の毛が入っています
  There is a hair in my food.
- 注文した料理と違いますが
  I'm sorry, but I ordered something different.
- これは注文していません
  I don't think I ordered this.
- 注文した料理がまだきません
  I have not gotten my order yet.
- 紅茶を3つ頼んだのですが、2つしかきていません
  I ordered three cups of tea. But we only got two.

最後に、お勘定の場面をみてみましょう。

- お勘定をお願いします
  Check, please.
- 割り勘にしましょう
  Let's split the bill.
- 夕食は私がおごりますよ
  The dinner is on me.

その他、使える表現を紹介します。
- パンをもう少しいただけますか
  May I have some more bread, please?
- 水を一杯ください
  I'd like a glass of water.
- 炭酸水をください
  Carbonated water, please.
- とてもおいしいです
  This is very good.
- ベジタリアン用の料理はありますか
  Do you have vegetarian dishes?
- ここの地元料理が食べたいのです
  I would like to have some local food.
- この料理の食べ方をおしえてください
  Would you tell me how to eat this?

75 英会話 使える表現⑥
―― 買い物 ――

This color is suiting you.
(この色はあなたにお似合いですよ)

買い物は、海外旅行の最大の楽しみの一つですね。
まず、お店を探す表現から見ていきましょう。
- この街のどこにショッピング街はありますか
  Where is the shopping mall in this town?
- お土産はどこに行けば買えますか
  Where can I buy some gifts?
- お土産を買うのにおすすめの店はありますか
  Can you recommend any shops for buying gifts?

お店に入って、商品を購入しましょう。
- いらっしゃいませ
  May I help you?
- すみません、よろしいですか
  Excuse me, can you help me?
- 試着してもよろしいですか
  May I try it on?
- ちょっと見ているだけです
  I'm just looking.
- ビジネス・シューズを探しています
  I'm looking for a good pair of business shoes.
- サイズはここに出ているだけですか
  Are there any other sizes?
- 色の違うものはありますか
  Do you have different colors?
- 1サイズ大きいものはありますか

Do you have a bigger size?
- どういったデザインが流行していますか
What kind of style is now in fashion?
- 子供のお土産に適当なものはありますか
Are there any nice gifts for kids?
- 日本で売っていないものはどれですか
Which one can't we get in Japan?
- いくらですか
How much is it?
- もう少し安いものがいいのですが
I'd like something a little less expensive.
- それをいただきます
I'll take it.

買う商品が決まったら、次は支払いです。
- 別々に包んでください
Please wrap these separately.
- まだお釣りをもらっていません
I haven't received my change yet.
- お釣りが足りません
I think I'm supposed to receive more back.

買った後で気に入らなくなったり、不良品だったりすることがあります。そういう場面ではどのように表現するのでしょうか。
- この品物を返品したいのですが
I'd like to return this item.
- ここに傷がありました
Here is a crack.
- 別のものを選ばせてください
Please let me choose another one.

76 英会話 使える表現⑦
――病院

I've had a headache.
(頭痛がします)

海外旅行中に心配なのが、病気と犯罪ではないでしょうか。ここでは、病気をとりあげました。自分の体調を適切に医者に伝えることはとても大切なことです。

●どうしましたか
  What's the matter with you?
  What's wrong with you?
●どうやら風邪をひいたようです
  I'm afraid I've taken cold.
●ちょっと熱っぽいです
  I'm a little feverish.
●胃痛がします
  I've had a stomachache.
●頭痛がします
  I've had a headache.
●歯痛がします
  I've had a toothache.
●腰痛がします
  I've had a backache.
●下痢をしています
  I have diarrhea. ［ダイアリア］
●咳がでます
  I have a cough.
●めまいがします
  I feel dizzy.
●寒気がします

I feel cold.
- 鼻水がでます
  I have a runny nose.
- のどが腫れているようです
  My throat is sore.
- 胃がムカムカします
  I feel bad in the stomach area.
- やけどをしました
  I burned myself.
- 右足首を捻挫したようです
  I think I sprained my right ankle.
- 食欲はありますか
  Do you have a good appetite?
- おなかはすいていません
  I don't feel hungry.
- アレルギー体質です
  I have an allergy. ［アラルジー］

体調が悪くて病院に行きたい場合は次のようにいいます。
病院がどこかをたずねる場合は「英会話 使える表現③ –道案内–」
を参考にして病院a hospitalの場所をきいてみましょう。
- 医者に連れて行ってください
  Please take me to the doctor.
- 日本語のわかる病院はありますか
  Is there a hospital, where someone speaks Japanese?

無事病院に行くことができました。薬をもらいたい場合、もらった場合、薬を買いにいく場合の表現です。
- 風邪薬が欲しいのですが
  I want medicine for a cold.
- 頭痛に効く薬をください
  Give me a medicine for a headache, please.
- １日に何回飲めばいいですか

How many times a day shall I take it?
- 薬局はどこですか

  Where is the drug store?
- 処方箋がなくても薬を買えますか

  Can I buy medicine without a prescription?
- 副作用はないですか

  What are the side effects?

その他、医者からの薬の服用法の指示・説明を聞き取る際に使える表現を紹介します。
- これは抗生物質です

  This is an antibiotic.
- これは総合ビタミン剤です

  These are multivitamins.
- これは胃薬です

  This is stomach medicine .
- 痛いときに飲んでください

  This medicine is for when you have pain.
- 食後に飲んでください

  Take these pills after every meal.
- 朝食・夕食後に、2錠ずつ飲んでください

  Take 2 pills after breakfast and after supper.
- 眠くなる事があります。車の運転の前には飲まないでください

  This medicine may make you drowsy. Please don't take this medicine before driving.

77 英会話 使える表現⑧
——乗り物——

Please show me this place on this map.
(この地図で現在地を教えてください)

海外旅行で、バス、列車、タクシー、飛行機など乗り物を利用する機会は多いでしょう。
乗り物に乗る際の会話表現を紹介しましょう。

● グランドホテルにいきたいのですが
  I'd like to go to the Grand Hotel.
● 空港バスが利用できますよ
  You can take the airport bus.
● 運賃はいくらですか
  How much is the fare to the hotel?
● 切符はどこで買ったらよいでしょうか
  Where can I get a ticket for the bus?
● ニューヨークへ行くにはどの線に乗ればよいでしょうか
  Which line should I take to get to New York?
● この電車はトロントへは行きますか
  Does this train go to Toronto?
● サンフランシスコで乗り換えてください
  Change trains at San Francisco.
● ここは私の席ですがお間違えではないですか
  Excuse me, but I'm afraid that is my seat you are in.
● この席に移ってもいいですか
  May I switch seat?
● 空席はありますか
  Are there any vacant seats?
● この便は定刻どおり到着しますか
  Will this flight arrive on time?

●この飛行機では免税品を販売していますか
　Do you have any tax-free items on this plane?

行きたい場所は決まっているがどうやって行けばよいかわからない場合、「…に行きたいのだが」ときいてみましょう。
最近は海外でもレンタカーを借りて自由にいろんな場所に行こうと考える人が多いようです。
レンタカーを借りる場合をみてみましょう。

●車を借りたいのですが
　I'd like to rent a car.
●これが国際免許証です
　Here is my international driver's license.
●１日借りるといくらになりますか
　How much for one day?
●保険をかけてください
　Please give me insurance coverage.
●ガソリンは満タンにして返すのですか
　Do I have to return the car filled with gas?
●故障を起こした場合の連絡先を教えてください
　Please tell me who I contact if I have problems?
●ガソリンスタンドは近くにありますか
　Is there a gas station near here?
●レギュラーで満タンにしてください
　Please fill it with regular gas.
●この地図で現在地を教えてください
　Please show me this place on this map.
●ニューヨークへ行くにはこの道でいいですか
　Does this street go to New York?

海外で車を運転していて事故を起こしてしまった場合、レンタカーの貸主と地元の警察に速やかに連絡しましょう。
●事故をおこしてしまいました
　I have had an accident.

● 警察を呼んでください
　Would you please call the police?

乗り物を利用する際、時間に関する表現が頻繁に登場することでしょう。ここでは、時間に関する表現をまとめて紹介します。
● アデレードまでいくらですか
　How much is it to Adelaide?
● オールドパークへは、いくつ目の駅ですか
　How many train stops to Old Park?
● この車種を1週間借りられますか
　Can I rent this type of car for a week?
● チェックインは何時からですか
　What time do you start check-in?
● 荷物は全部で4つです
　I have four pieces of baggage.
● 8番ゲートはどこですか
　Where is gate eight?
● ANA25便は、搭乗が遅れております
　ANA Flight 25, boarding is delayed.
● 時刻表を見せてください
　May I see a timetable?
● ボストン行きの始発は何時に出ますか
　What time does the first train to Boston leave?
● 列車は時間通りに出発しますか
　Will the train leave on schedule?

78 英会話 使える表現⑨
——天候——

There is not a cloud in the sky.
(空には雲が一つもない)

人との会話の中で天候について話をすることが案外あります。

- ●良いお天気ですね
   It's a fine day, isn't it?
- ●晴れてよかったですね
   I'm glad it's a fine day.
- ●久しぶりの快晴です
   Finally, we have got a beautiful day.
- ●曇っていますね
   It's cloudy, isn't it?
- ●曇ってきましたね
   It's getting cloudy.
- ●昨日より暖かいですね
   It's warmer than yesterday.
- ●蒸し暑いですね
   It feels muggy.
   The air feels humid.
- ●外は寒そうですね
   It seems cold outside.

天気予報など、天候について知りたい場合、どのように言うのでしょうか。
- ●今日の天候はどうですか
   How's the weather today?
- ●天候はどうなりそうですか

What will the weather be like?
- そちらの気候はいかがですか
  How is the weather there?
- 明日の天気予報を知っていますか
  Do you know the weather forecast for tomorrow?
- 今日の気温は何度ですか
  What's the temperature today?
- 朝は時々にわか雨、午後には晴れます
  Occasionally showers this morning, clear this afternoon.
- 午後から天気が崩れるそうです
  I heard it's going to rain this afternoon.
- 一日中雨が降りそうです
  It looks like rain all day.
- 明日も嵐ですね
  It will be stormy tomorrow.
  There will be a storm tomorrow.
- こちらはかなりの雨が降りましたがそちらはどうですか
  We had a lot of rain but how about you?
- 先ほどまでは陽がさしていました
  We could see the sun a little while ago.

天候がわかったところで、次のような表現を使ってみましょう。
- 傘を持って行ったほうがよさそうですね
  I'd better get my umbrella.
- 濡れてしまいましたね。大丈夫ですか
  You got wet. Are you all right?
- 雨が降ってきましたのでこの傘をお持ちください
  Please take this umbrella since it started to rain.
- こちらは寒いので冬物が必要ですよ
  You should take your winter clothes because it is cold here.
- 大雪で飛行機が欠航してしまいました
  My flight was cancelled because of the heavy snow.
- 道が滑りますので、気をつけて

Watch out so you don't slip on the road.
Be careful not to slip on the road.
●明日の出発はあきらめたほうがよさそうです
It is better not to start tomorrow.

その他の表現をまとめておきます。
●曇っていますね
It is cloudy, isn't it?
●神戸では、3日間雨が降り続いています
It has been raining for three days in Kobe.
●日本の夏は、とても暑くて湿気が多い
It is very hot and sticky in summer in Japan.
stickyは「べとべとする」という意味です。
●最近、ずっと雨が降っています
We have had much rain these days.
●来月には、紅葉が見られます
We will have autumn color in next month.
autumn colorは、「紅葉」という意味です。

79 英会話 使える表現⑩
―― 勧誘・依頼 ――

Let's take a picture.
(写真を撮りましょう)

人との付き合いの中で誘ったり誘われたりして交流が深まっていったりしますね。
相手を誘う表現を中心に例文を紹介しましょう。

- ご一緒しませんか
  Why don't you join us?
- 次のデートでは遊園地にいこうよ
  On our next date, let's go to an amusement park.
- 今週の土曜日、よろしければ私の家にいらっしゃいませんか
  If you are free this Saturday, why don't you come to my house?
- 一杯飲みに行きませんか
  Do you want to go out for a drink?

食事中の表現です。

- ビールを一杯どうですか
  How about a beer?
- 食前にカクテルはいかがですか
  Would you like a cocktail before dinner?
- 日本酒はいかがですか
  Would you like "sake"?
- もう一杯いかがですか
  How about another drink?
- 今晩は外食にしましょうか
  What do you say to eating out this evening?

話題を変えたり、話をはじめるときなどに用いる表現を紹介しま

しょう。
- さあ始めよう
  Let's get going.
- はじめてよろしいですか
  Can I start?
- 本題に入ろう
  Let's down to business.
- 話題を変えようよ
  Let's change the subject.
- それじゃ、こうしよう
  I'll tell you what.
- 今日のところはここまでにしよう
  Let's call it a day.

相手にアドバイスをしたり、お願いしたりする場合に用いる表現をみてみましょう。
- 彼に電話してみたら
  Why don't you give him a call?
- 今、少しお時間いただけますか
  Do you have time right now?
- 一晩寝てから考えましょう
  Let's sleep on it.
- そんなにストレスをためてはだめだよ。何かストレスを発散することをするといいと思いますよ
  You shouldn't let so much stress accumulate. You had better do something to relieve it.

80 英会話 使える表現⑪
——同意・了解・異論——

That's right.
(その通り)

人と会話をする上で、同意したり、意見を述べたり、反論を述べたりすることがあります。ここでは、そういう表現をみていきましょう。

同意する表現です。
- まさにその通りだ
  You can say that again.
- 全く同感です
  I couldn't agree more.
- それは私が言いたかったことだよ
  That's just what I was going to say.
  You took the words right out of my mouth.
- なるほど
  That makes sense.

同意できない場合は次のように表現します。
- どういうことか理解できません
  I don't get it.
- 彼女が何を言っているのかさっぱりわかりません
  I don't have the slightest idea what she is talking about.
- さっぱりわからないよ
  Beats me!
- それがわからないのかい
  Can't you see that?
- それがどうしたの

So what?
- 自業自得だよ
  You were asking for it.

また、単に同意できないだけでなく、相手を拒絶する場合はどのように表現するのでしょうか。
- いいかげんにしてよ
  Give me a break.
- やめてよ！
  Cut it out!
  Stop it!
- また? 勘弁してよ
  Again? Not again!
- 余計なお世話だよ
  Mind your own business!
  It's none of your business.
- そんなことどうでもいいよ
  Who cares?
- ほっといてくれよ
  Leave me alone.
- もうこれ以上我慢できないわ
  This is the last straw.

このように、時と場合によっては相手の言うことを拒絶することも必要です。ただし、あくまでも時と場合によります。
もし、上のように言われたら、このように答えることもできます。
- ごめんなさい そんなつもりじゃなかったんです
  I'm sorry. I didn't mean it.

81 英会話 使える表現⑫
―――同情・激励―――

Take it easy!
（気楽にいこうよ）

相手の調子が悪そうなとき、緊張しているときなど、気持ちをほぐす言い方を紹介しましょう。
同情の表現です。
- 顔色が悪いよ。どうしたんだい
  You don't look well. —What's the matter?
- 風邪を引いてしまったんです それはいけませんね
  I've caught a cold. —That's too bad.
- お体を大切にしてください
  Please take care of yourself.
- どうぞお楽になさってください
  Please make yourself at home.
- ゆっくりやりなさい
  Take your time.
- 気にしないで
  Never mind!
  Forget it.
- あまり彼に厳しくしないであげてください
  Don't be so hard on him.
- 疲れたようですね。休んだらどうですか
  You look tired. Why don't you take a break?
- 私の口からは何も言うわけにはいきません
  My lips are sealed.
- それは仕方がないね
  I can't help it.
  It can't be helped.

相手を励ますときの表現です。
- 元気にやりなさい
  Cheer up!
- 気を取り直しなさいよ
  Nap out of it.
- 弱音を吐くな
  Never say die!
  Don't give up!
- そんなことは気にしなくていいよ
  Don't let that bother.
- 落ち着きなさい
  Calm down.
- 絶好のチャンスだよ
  Now or never!
  Go for it!
- がんばれ
  Hang in there!
  Stick to it!
- 君ならできる
  You can make it.
- その調子よ
  That's the spirit.
  Way to go.
- 幸運を祈ります
  Good luck!

最後はこのような心境になるのかもしれません。
- 人生なんてこんなものさ
  That's life.
  Such is life.

82 料金を表す単語
――移動の基本です――

What's the <u>rate</u>?
（料金はいくらですか）

「料金」といえば、公共料金やタクシー料金など私たちの身近にあります。ひとくちに「料金」といっても、何に対する料金なのかで英単語は変わってきます。どういった状況で支払う料金なのかを理解して英単語を使い分けましょう。

「料金」という単語には次のようなものがあります。

> ① **rate**「料金」「値段」
> サービスに支払われる単位あたりの基準料金を表す
> ② **charge**「請求金額」「料金」
> サービスに支払われる単位あたりの基準料金を表す rateと似ている
> ③ **fare**「運賃」「料金」
> 列車・バスなどの乗り物の運賃
> ④ **price**「価格」「値段」
> 品物の値段
> ⑤ **fee**「謝礼」「報酬」「授業料」
> 医者や弁護士などの専門職へ払う謝礼や報酬
> ⑥ **toll**「使用税」「通行料」
> 有料道路などの通行料
> ⑦ **expense**「費用」
> 費用や支出・経費のことを表す

① rate
例文：What's the <u>rate</u>?

(料金はいくらですか)
a telephone <u>rate</u>「電話料金」
utility <u>rates</u>「公共料金」、the base <u>rate</u>「基本料金」

② charge
例文：There is a two dollar <u>charge</u> for that.
　　　（それには 2 ドルの<u>手数料</u>がかかります）
How much is the <u>charge</u> for delivery?
　　　（配達<u>料金</u>はいくらですか）
an admission <u>charge</u>「入場料」
a service <u>charge</u>「手数料・サービス料」
No <u>charge</u> for admission「入場無料」（掲示などで）

③ fare
例文：How much is the <u>fare</u> from Osaka to Kobe?
　　　（大阪から神戸までの<u>料金</u>はいくらですか）
a taxi <u>fare</u>「タクシー料金」
a single <u>fare</u>「片道運賃」
a round-trip <u>fare</u>「往復運賃」

④ price
例文：<u>Prices</u> are going up.
　　　（<u>物価</u>が上がってきています）
a fixed <u>price</u>「定価」、cost <u>price</u>「原価」

⑤ fee
例文：God heals and the doctor takes the <u>fee</u>.
　　　（神が病気を治し、医者が<u>治療代</u>を取る）（フランクリンの言葉）
legal <u>fees</u>「弁護士への謝礼」、school <u>fees</u>「授業料」

⑥ toll
例文：We had to pay a <u>toll</u> when we crossed the bridge.

(その橋を渡るのに、<u>通行料</u>を払わなければなりませんでした)

⑦ expense
例文：My <u>expenses</u> were greater than I expected.
　（私が思っていたよりも費用がかかりました）
wedding <u>expenses</u>「結婚式の費用」

その他、様々な場面で使える料金にまつわる表現を紹介しましょう。
●会員割引はありますか
　Do you have any reduction rate for the members?
●割引はありますか
　Is there any discount?
●サービス料は含まれていますか
　Is service charge included?
●領収証をいただけますか
　Can I have the receipt?
●全部でいくらになりますか
　How much is it altogether?
●１週間の料金はいくらですか
　What is the rate per week?
●入場料はいくらですか
　How much is the admission?
　How much is the entrance fee?
●おつりが違います
　You gave me the wrong change.

83 depart, departure, department
——意外な展開——

Where is the nearest department store?
(最寄りの百貨店はどこですか)

partが「部分」ならdepartはどういう意味だと思いますか?
これは、部分に分ける (part) にde (離れて) という意味がくっついて「離れる・出発する」という意味になります。

【depart】
動詞「出発する」「それる」「はずれる」

① **The next train departs from platform 8 at 8 p.m.**
(次の列車は8番ホームから午後8時に<u>出発します</u>)
② **I departed from my original plan.**
(私は最初の計画を<u>変更しました</u>)

---

①depart from 〜 「〜から出発する」
②のoriginalは形容詞「最初の」という意味です。日本語でもオリジナルという言葉を使いますが、これは「独創的な」とう意味で用いています。
「出発する」という意味では、leaveやstartという単語もありますね。departとどのように使い分けたらいいのでしょう。
【出発する】
leave　　ある場所を離れる
start　　移動を始めること
depart　　leaveより堅い言葉

次に、depart の派生語である departure と department について説明します。

【departure】
名詞「出発」

The <u>departure</u> of the train was delayed.
(その列車の<u>出発</u>は遅れました)

動詞 delay とは「〜を遅らせる」という意味です。これが受動態になって、「遅れた」という意味になっています。

【department】
名詞「部門」「売り場」「(米国政府の)省」「学科」

① I work in the sales <u>department</u>.
　(私は営業<u>部</u>で働いています)
② The toy <u>department</u> is on the eighth floor.
　(おもちゃ<u>売り場</u>は8階です)
③ What <u>department</u> are you?
　(あなたは何<u>学科</u>ですか)

米国の省は日本でもニュースなどでたびたび名前が挙がります。
米国の省についてまとめておきます。
米国の省
国務省　　　　　　the Department of State
財務省　　　　　　the Department of the Treasury
国防総省　　　　　the Department of Defense
司法省　　　　　　the Department of Justice

84 トイレに行きたい！
——ちょっと臭い話ですが——

① bathroom「個人の家のトイレ」
② rest room「ホテルや公共の建物のトイレ」
③ lavatory「rest roomと用法は同じ」
④ toilet「便所（直接的）」

友達のお家に行ってトイレに行きたいとき、日本語ではどう言いますか？「お手洗いを借りたいのですが」「トイレに行きたいのですが」というのが普通ですが、これを英語で言ってみましょう。まず、トイレといっても英単語にはいくつかの種類があります。それぞれの用途によって使い分けることが大切です。
②restは「休息」という意味がありますが、他にも「〜の残り」という意味もあります。the restで「残り」という意味になります。
③lavatoryというと「実験室」を思い浮かべるかもしれませんが、実験室はlaboratoryです。

トイレはtoiletだから、[Where can I find the toilet?]かしら？いえいえ、実はトイレをそのままtoiletという単語を使うことはあまりありません。日本語で「お手洗い借りてもいいかしら」とはいいますが、「お便所借りてもいいかしら」とはあまり言わないのと似ています。toiletという単語は直接的な意味合いがあるのです。

トイレに行きたいときはこう言おう。
「お手洗い借りてもよろしいですか」
○May I wash my hands?
○May I use your bathroom?
○Where can I wash my hands?
○Where is the rest room?

> ×Where can I find the toilet?

> Nature is calling.
> (トイレに行きたくなった)

上の文を直訳すると「自然が呼んでいる」です。
natureには「自然」という意味もありますが、「生命力」という意味もあり、遠まわしに排泄の欲求を表しているのです。
トイレが排泄をする場所だということは、そこで排泄が行われるということです。実はあまり知られていないのが排泄関係の単語です。「汚い」なんて言わないで下さい。医療関係の単語としてもとても重要です。

> ① stool「便通・大便」
> ② bowel movement「便通」
> ③ urine「尿」

②のbowelは「腸」のことです。「腸の運動」すなわち、「便通」ということです。the large bowelといえば「大腸」、the small bowelは「小腸」です。
また、「腸」に関連した言葉として、「下痢」がありますね。これはloose bowelsといいます。looseというのは形容詞「ゆるんだ、下痢気味の」という意味があります。「だらしない性格」のことを日本語では「ルーズな性格」といいますが、そのloose [lu:s]です。
③尿はurineです。動詞で「排尿する」という場合はurinateという単語を用います。また、この動詞から派生して「排尿」のことをurinationといいます。

85 予約
―― いろんな表現がありますね ――

「予約をする」　　　　　「予約」
book　　　　　　　　　booking
make a reservation　　　reservation
reserve　　　　　　　　appointment

「劇の公演の予約をする」とか「CDを予約する」など、私たちの日常生活とかかわりの深いこの「予約」。
海外に出かける場合も「飛行機の予約」「ホテルの予約」など予約をする場面も多いです。
ここでは、この「予約」についてみていきましょう。

【book】
名詞「本」「帳面」、動詞「～を予約する」
I <u>booked</u> him a room yesterday.
(私は彼のために昨日部屋を<u>予約しました</u>)

【make a reservation】
「予約する」
I'll call up the restaurant and <u>make a reservation</u> for dinner.
(レストランに電話して夕食の<u>予約をします</u>)
<u>I have made a reservation</u> for a room at Grand Hotel.
(私はグランドホテルに部屋を<u>予約しました</u>)
I'd like to <u>make a reservation</u> for Flight 48 on Sunday.
(日曜日の48便を<u>予約したい</u>のですが)

【reserve】

動詞「予約する」
I <u>reserved</u> a single room at the hotel.
(私はそのホテルのシングルの部屋を1部屋<u>予約しました</u>)
We are fully <u>reserved</u> for the next three months.
(当方は3ヶ月先まで<u>予約</u>でいっぱいです)
I'd like to <u>reserve</u> a table for four at seven this evening.
(今晩7時に4人の席で<u>予約し</u>たいのですが)

「予約する」という意味では、主にreserveが用いられますが、英国ではbookも使われます。

【booking】
名詞「予約」
Do you have a table booking?
(お座席の<u>予約</u>は承っておりますか)

【reservation】
名詞「予約」
I couldn't get <u>a reservation</u> at the Grand Hotel.
(グランドホテルの<u>予約</u>ができませんでした)
I have <u>a reservation</u>. (ホテルのフロントで)
(<u>予約</u>しているはずですが)

【appointment】
名詞「予約」
The dentist will see you only by appointment.
(その歯医者は<u>予約</u>をしないとみてもらえないですよ)
I have an appointment with the professor at 3:30.
(教授と3時半に会う<u>約束</u>があります)

ホテルの予約や座席の予約などでは、booking, reservationを用い

ます。
医院や美容院の予約などでは、appointmentを用います。
また、bookingを使った言葉でbooking officeというのは鉄道、劇場などの「切符売り場・プレイガイド」という意味です。

予約を確認する事（＝リコンファーメイション）も大切です。
再確認に関する表現を紹介します。
●予約を再確認したいのです
　I would like to reconfirm my flight.
　飛行機の便がきちんと予約されているかどうかを確認する時に使う表現です。
●出発時刻を確認したいのです
　I would like to make sure of the time of departure.

次のように言われたら安心です。
●5月8日、ANA45便大阪行きを再確認できました
　ANA45 for Osaka, May 8th is reconfirmed.

●予約リストにあなたのお名前はありません
　I can't find your name on the reservation list.
　上記のように言われたら、あわてずにもう一度確認を求めましょう。
●もう一度確認してください
　Make sure of my name again, please.

86 やめたくてもやめられないのがお酒とタバコ
―― お酒とタバコの表現 ――

Do you mind if I smoke in here?
(タバコを吸ってもよろしいですか)

お酒を飲みすぎて2日酔いになり、次の日痛い頭を抱えながら仕事に行かなくてはいけないときなど、「もうお酒を飲むのはやめよう」と誓い、妻から「タバコは外で吸ってよ」などと言われ「もうタバコを吸うのはやめよう」と誓うことは多いはず。しかし、「やめよう」と思うと余計に自分の中で存在感が増してしまって、誘惑に勝てなくなったりしませんか。
ここでは、このようなやっかいな存在である「お酒とタバコ」に焦点をあてます。

【お酒alcoholの種類】	
ビール	beer
ウイスキー	whisky
バーボン	bourbon
ブランデー	brandy
カクテル	cocktail
シャンペン	champagne
ワイン	wine
日本酒	sake

ウイスキーはオン・ザ・ロックで飲んだり、ストレートや水割りで飲んだりします。そういうときにはどのように表現したらよいのでしょうか。
on the rocks「オン・ザ・ロック」
straight「ストレート」
a whisky and water「水割り」

I'll have a double whisky on the rocks, please.
(ウイスキーのオン・ザ・ロックをダブルでおねがいします)

オン・ザ・ロックはon the rocksと最後にsをつけます。
水割りはa whisky and waterと言います。
お酒に関する会話文をみてみましょう。

- ●May I have another one?
  (もう1杯おかわりください)
- ●What kind of wine do you have?
  (ワインはどんな種類がありますか)
- ●Shall we have something to drink?
  (ちょっと1杯やりませんか)

では次にタバコについてみてみましょう。

【タバコの種類】	
tobacco	「刻みタバコ」
cigarette	「巻きタバコ」
cigar	「葉巻」

日常の会話の中でタバコについて言う場合は、大抵、smoking「タバコを吸うこと」という単語を用いることが多いです。では、タバコに関する例文をみてみましょう。

① It looks like there are more women smoking these days.
(最近女性でタバコを吸う人が増えているみたいです)
② I've never smoked myself, so I have no sympathy at all for smokers' feelings.

> （私は自分がタバコを吸ったことがないので、タバコを吸う人の気持ちが全くわかりません）
> ③ **Do you mind if I smoke here?**
> （タバコを吸ってもよろしいですか）

①It looks like～は「～のようです」という意味です。
②完了形の文にneverが入って「今まで～したことは1度もない」とう文になっています。sympathy名詞「同情」「共感」
③動詞mind「～をいやだと思う」という意味。直訳すると「私がここでタバコを吸ってもいやだと思いませんか」です。

その他の表現を紹介しましょう。
●禁煙席をお願いします
　Non-smoking, please.
●喫煙席をお願いします
　Smoking, please.
●ワインリストをみせてください
　Can I see the wine list?
●地元のビールはありますか
　Do you have some local beer?
●ミニバーのカクテルを1本飲みました
　I had a cocktail in the mini-bar.
●氷と水を持ってください
　Bring me some ice cubes and water, please.

87 中東
―― 英語を知っていると世界情勢がわかります ――

Jesus Christ was living in Jerusalem.
(イエス・キリストはエルサレムに住んでいました)

21世紀に入り、世界の平和が叫ばれる中で、中東情勢はその平和を脅かす存在になっています。ここでは、その中東情勢にスポットを当て、ニュースなどに出てくる言葉を英語ではどのように表現するのかについてみていきたいと思います。
ではまず、中東情勢に関する単語からみていきましょう。

Middle East「中東」
situation in the Middle East「中東情勢」
Middle East peace efforts「中東和平」
Islamic religion「イスラム教」
Palestine Liberation Organization「PLO (パレスチナ解放機構)」
Islam fundamentalism, Islamic extremism「イスラム原理主義」
Israel「イスラエル」
Palestine「パレスチナ」
Christian religion「キリスト教」
Jewish religion「ユダヤ教」
terrorism「テロリズム」

イスラム原理主義とは、イスラム法の教えに忠実に従って、今の政治社会を作りなおすことを目指している思想運動のことを指します。イスラムの原点に立ち返ろうとすることから、イスラム復

興主義とも呼ばれています。
イスラエルのことをIsrael［イズリアル］といいます。イスラエル人はIsraeli［イズレイリ］といいます。
パレスチナ自治区はイスラエルの首都であるエルサレムJerusalemの東側にあります。パレスチナ自治区とは、イスラエルとパレスチナ解放機構（PLO）が93年に調印した「パレスチナ暫定自治宣言」に基づき、パレスチナ人による自治が行われている地域のことです。
パレスチナには、ユダヤ教、イスラム教、キリスト教の3つの聖地Holy Cityが重なっています。
エルサレムは紀元70年、ローマ帝国に破壊されるまで、ユダヤ教の中心的な場所で、ソロモン王の宮殿がありました。また、キリスト教にとってエルサレムは、救世主イエス・キリストが殉教し、またよみがえった場所です。イスラム教にとっては、エルサレムにある岩のドームDome of the Rockはメッカ・メディナに続く3番目に大切な場所とされています。
パレスチナ人とはアラブ系の民族で、イスラム教徒です。パレスチナのことをPalestineといいます。パレスチナ人はPalestinianです。

① The Middle East peace talks have been extended by a week.
（中東和平交渉は1週間延期されました）
② I think it difficult for the United States to bring about peace in Middle East.
（私は、アメリカが中東和平を実現させるのは難しいと思います）
③ There are a lot of radical Muslim fundamentalists in the Middle East.
（中東には多くの過激なイスラム原理主義者がいます）
④ The president focused the meeting on the fight against terrorism.

> (大統領は、会議の焦点をテロリズムとの戦いに置きました)
> ⑤ The Japanese government should take uncompromising stance against terrorism.
> (日本政府は、テロリズムに対して妥協しない立場をとるべきです)

①動詞extend「延長する」
②動詞bring about ～「～をもたらす」
③形容詞radical「過激な」
④動詞focus A on ～「Aの焦点を～に置く」
⑤形容詞uncompromising形容詞「譲歩しない」
compromise名詞「妥協」、動詞「妥協する」

推薦したい英語の本

①『大人のための英語勉強法』(PHP文庫)
私が、英語の勉強を集大成して書いた1番おすすめしたい本。文庫本で476円の手軽さ。
②『ビジネスマンの基礎英語』(日経文庫)
英語の数・時間・お金にポイントを絞った本。是非読んでいただきたい本です。
③『英会話はじめからゆっくりと』(光文社文庫)
英会話の入門書。文庫本で457円の手ごろさ。
④『英単語これだけでだいじょうぶ』(光文社文庫)
なんと、文庫本で英和・和英辞典。1冊で海外旅行OK。819円。
⑤『TOEICテストを攻略する本』(PHP文庫)
TOEIC対策本。文庫本で686円の手軽さ。

尾崎哲夫（おざきてつお）

関西外国語大学短期大学部教授。1953年大阪府生まれ。1976年早稲田大学法学部卒業。2000年早稲田大学大学院アジア太平洋研究科国際関係専攻修了。松下電送機器（株）、代々木ゼミナール講師、帝京大学、明海大学講師他を経て、現職。主要著書に、『ビジネスマンの基礎英語』（日経文庫）『海外個人旅行のススメ』『海外個人旅行のヒケツ』（以上、朝日新聞社）『TOEICテストを攻略する本』『大人のための英語勉強法』（以上、PHP文庫）『法律用語がわかる辞典』『はじめての民法総則』『はじめての親族相続』『はじめての会社法』（以上、自由国民社）他多数がある。
「尾崎哲夫ウェブサイト」http://www.ozaki.to/index.htm

角川oneテーマ21　B-18

英語「超基本」を一日30分！

尾崎哲夫

2002年1月10日　初版発行
2002年4月25日　七版発行

発行者	角川歴彦
発行所	株式会社角川書店

東京都千代田区富士見2-13-3
〒102-8177
振替00130-9-195208
電話／営業部　03-3238-8521
　　　編集部　03-3238-8555

装　画	小島　武
デザイン	緒方修一　ラーフイン・ワークショップ
印　刷	暁印刷
製　本	株式会社コオトブックライン

落丁・乱丁本は小社営業部受注センター読者係宛にお送りください。
送料は小社負担でお取り替えいたします。
© Tetsuo Ozaki 2002 Printed in Japan　ISBN4-04-704064-9　C0282